国家出版基金项目
NATIONAL PUBLICATION FOUNDATION

术以载道——内蒙古传统壁画制作技艺

侯也 主编

天工巧匠

"十三五"国家重点图书出版规划项目

中华传统工艺集成

冯立昇 董杰 主编

山东教育出版社
·济南·

图书在版编目（CIP）数据

术以载道：内蒙古传统壁画制作技艺 / 侯也主编 . — 济
南：山东教育出版社，2024.9
（天工巧匠：中华传统工艺集成 / 冯立昇，董杰主编）
ISBN 978-7-5701-1456-6

Ⅰ.①术…　Ⅱ.①侯…　Ⅲ.①壁画–研究–内蒙古
Ⅳ.①K879.414

中国国家版本馆 CIP 数据核字（2020）第 207323 号

主　编：侯　也
副主编：张晓霞　邹维佳　柳庆龄　王赫德

TIANGONG QIAOJIANG——ZHONGHUA CHUANTONG GONGYI JICHENG

天工巧匠——中华传统工艺集成　　　　　　冯立昇　董杰　主编

SHU YI ZAI DAO：NEIMENGGU CHUANTONG BIHUA ZHIZUO JIYI

术以载道：内蒙古传统壁画制作技艺　　侯　也　主编

主管单位：山东出版传媒股份有限公司
出版发行：山东教育出版社
地　　址：济南市市中区二环南路 2066 号 4 区 1 号　　邮编：250003
电　　话：0531-82092660　　网址：www.sjs.com.cn
印　　刷：山东黄氏印务有限公司
版　　次：2024 年 9 月第 1 版
印　　次：2024 年 9 月第 1 次印刷
开　　本：710 毫米×1000 毫米　　1/16
印　　张：11.5
字　　数：176 千
定　　价：78.00 元

如有印装质量问题，请与印刷厂联系调换。电话：0531-55575077

主编简介

侯也，内蒙古师范大学美术学院壁画系副教授，硕士生导师。中央美术学院壁画艺术研究院研究员、中国壁画学会会员、内蒙古美术家协会壁画艺委会委员。主持国家级一流课程"传统壁画绘制及创新应用"。作品入选中国美术家协会、上海美术家协会等主办的展览20余次，在《美术》等杂志发表论文9篇，作品被内蒙古美术馆、天津美术学院收藏。

中华文明是世界上历史悠久且未曾中断的文明，这是中华民族能够屹立于世界民族之林且能够坚定文化自信的前提。中国是传统技艺大国，源远流长的传统工艺有着丰富的科技和人文内涵。古代的人工制品和物质文化遗产大多出自能工巧匠之手，是传统工艺的产物。中国工匠文化的传承发展，形成了独特的工匠精神，在中国历史长河中延绵不绝。可以说，中华传统工艺在赓续中华文脉和维护民族精神特质方面发挥了重要的作用。

传统工艺主要指手工业生产实践中蕴含的技术、工艺或技能，各种传统工艺与社会生产、人们的日常生活密切相关，并由群体或个体世代传承和发展。传统工艺的历史文化价值是不言而喻的。即使在当今社会和日常生活中，传统工艺仍被广泛应用，为民众所喜闻乐见，具有重要的现代价值，对维系中国的文化命脉和保存民族特质产生了不可替代的作用。

近几十年来，随着工业化和城镇化进程的不断加快，特别是受到经济全球化的影响，传统工艺及其文化受到了极大的冲击，其传承发展面临着严峻的挑战。而传统工艺一旦失传，往往会造成难以挽回的文化损失。因此，保护传承和振兴发展中华传统工艺是我们义不容辞的责任。

传统工艺是非物质文化遗产的重要组成部分。2003 年 10 月，联合国教科文组织通过《保护非物质文化遗产公约》，其中界定的"非物质文化遗产"中包括传统手工技艺。2004 年，中国加入《保护非物质文化遗产公约》，传统工艺也成为我国非遗保护工作的一大要项。此后十多年，我国在政策方面，对传统工艺以抢救、保护为主。不让这些珍贵的文化遗产在工业化浪潮和城乡变迁中湮没失传非常重要。但从文化自觉和文明传承的高度看，仅仅开展保护工作是不够的，还应当重视传统工艺的振兴与发展。只有通过在实践中创新发展，传统工艺的延续、弘扬才能真正实现。

2015 年，党的十八届五中全会决议提出"构建中华优秀传统文化传承体系，加强文化遗产保护，振兴传统工艺"的决策。2017 年 2 月，中共中央办公厅、国务院办公厅印发了《关于实施中华优秀传统文化传承发展工程的意见》，明确提出了七大任务，其中的第三项是"保护传承文化遗产"，包括"实施传统工艺振兴计划"。2017 年 3 月，国务院办公厅转发了文化部、工业和信息化部、财政部《中国传统工艺振兴计划》。这些重大决策和部署，彰显了国家层面对传统工艺振兴的重视。

《中国传统工艺振兴计划》的出台为传统工艺的发展带来了新的契机，近年来各级政府部门对传统工艺的保护和振兴更加重视，加大了支持力度，社会各界对传统工艺的关注明显上升。在此背景下，由内蒙古师范大学科学技术史研究院和中国科学技术史学会传统工艺研究会共同策划和组织了《天工巧匠——中华传统工艺集成》丛书的编撰工作，并得到了山东教育出版社和社会各界的大力支持，该丛书也先后被列为"十三五"国家重点图书出版规划项目和国家出版基金资助项目。

传统手工技艺具有鲜明的地域性，自然环境、人文环境、技术环境和习俗传统的不同，以及各民族长期以来交往交流交融，对传统工艺的形成和发展影响极大。不同地域和民族的传统工艺，其内容的丰富性和多样性，往往超出我们的想象。如何传承和发展富有地域特色的珍贵传统工艺，是振兴传统工艺的重要课题。长期以来，学界从行业、学科领域等多个角度开展传统工艺研究，取得了丰硕的成果，但目前对地域性和专题性的调查研究还相对薄弱，亟待加强。《天工巧匠——中华传统工艺集成》丛书旨在促进地域性和专题性的传统工艺调查研究的开展，进一步阐释其文化多样性和科技与文化的价值内涵。

《天工巧匠——中华传统工艺集成》首批出版 13 册，精选鄂温克族桦树皮制作技艺、赫哲族鱼皮制作技艺、回族雕刻技艺、蒙古族奶食制作技艺、内蒙古传统壁画制作技艺、蒙古族弓箭制作技艺、蒙古族马鞍制作技艺、蒙古族传统擀毡技艺、蒙古包营造技艺、北方传统油脂制作技艺、乌拉特银器制作技艺、勒勒车制作技艺、马头琴制作技艺等 13 项各民族代表性传统工艺，涉及我国民众的衣、食、住、行、用等各个领域，以图文并茂的方式展现每种工艺的历史脉络、文化内涵、工艺流程、特征价值等，深入探讨各项工艺的保护、传承与振兴路径及其在文旅融合、产业扶贫等方面的重要意义。需要说明的是，在一些书名中，我们将传统技艺与相应的少数民族名称相结合，并不意味着该项技艺是这个少数民族所独创或独有。我们知道，数千年来，中华大地上的各个民族都在交往交流交融中共同创造和运用着各种生产方式、生产工具和生产技术，形成了水乳交融的生活习俗，即便是具有鲜明民族特色的文化风情，也处处蕴含着中华民族共创共享的文化基因。因此，任何一门传统工艺都绝非某个民族所独创或独有，而是各民族的先辈们集体智慧的结晶。之所以有些传统工艺前要加上某个民族的名称，是想告诉人们，在该项技艺创造和传承的漫长历程中，该民族发挥了突出的作用，作出了重要的贡献。在每本著作的行文中，我们也能看到，作者都是在中华民族的大视域下来探讨某项传统工艺，而这些传统工艺也成为当地铸牢中华民族共同体意识的文化基石。

本套丛书重点关注了三个方面的内容：一是守护好各民族共有的精神家园，梳理代表性传统工艺的传承现状、基本特征和振兴方略，彰显民族文化自信。二是客观论述各民族在工艺文化方面的交往交流交融的事实，展现各民族在传统工艺传承、创新和发展方面的贡献。三是阐述传统工艺的现实意义和当代价值，探索传统工艺的数字化保护方法，对新时代民族传统工艺传承和振兴提出建设性意见。

中华文化博大精深，具有历史价值、文化价值、艺术价值、科技价值和现代价值的中华传统工艺项目也数不胜数。因此，我们所编撰的这套丛书并不仅限于首批出版的 13 册，后续还将在全国遴选保护完好、传承有序和振兴发展成效显著的传统工艺项目，并聘请行业内的资深学者撰写高质量著作，不断充实和完善《天工巧匠——中华传统工艺集成》，使其成为一套文化自信、底蕴厚重的珍品丛书，为促进传统工艺振兴发展和推进传统工艺学术研究尽绵薄之力。

冯立昇

2024 年 8 月 25 日

　　纵览中国美术史和中国古代美术作品遗存，壁画都是极其重要的一部分。在人类美术发展历程的长河中，壁画可以说是最早出现的绘画形式了，其源头可以追溯到一万年前原始社会旧石器时代的洞穴岩画。壁画在伴随人类发展的历程中，记录了人类活动的痕迹、社会习俗的变迁、文化思想的演进和宗教发展的兴衰。

　　在美术作品分类上，古代壁画也是极为重要的一个绘画门类，尤其是在古代丧葬、宗教中有着重要的作用。壁画以图像的形式承载了千百年来历朝历代各个民族的政治、经济、文化、习俗以及各宗教在发展历程中的教义演变。古代壁画作为一种实用性绘画，其基本属性就是要传达一种思想，这种属性可能比其他绘画形式更加强烈。例如，墓室壁画中通常绘制的忠孝节义主题，以达到"传教化，助人伦，明劝诫，著升沉"的作用。墓室壁画绘制歌舞宴乐、炊饮狩猎的现实生活场景，又是生者对死后生活的预期和对来生的渴望。而宗教壁画的作用则更加直接明了，其根本就是要达到宣扬宗教思想和教义的目的。但是，在古代画师的长期创作发展中，在表现理想佛国净土时又自然地融入了大量的现实生活场景，这使得这些壁画不但具有宣传教义的作用和一般美术作品的审美功能，而且还成为珍贵的历史图像资料，具有很高的史学研究价值。

　　内蒙古自治区境内现今发现了汉代至明清等各时期，涉及墓葬、石窟、寺庙等几个方面的大量古代壁画遗存，数量众多，内容丰富，具有极高的研究价值。其中墓室壁画的时代主要集中于汉代、北魏、唐、宋、五代、辽、西夏、元、明、清等几个朝代。尤其是汉代墓室壁画的发现对于研究两汉历史文化提供了宝贵的图像资料。

　　2003 年，我因敦煌研究院承接的内蒙古和林格尔·盛世百乐亭园佛教新壁画创作绘制任务，在和林格尔工作半年之久。其间考察了和林格尔东汉墓壁画，对其中的《乐舞百戏图》《庄园图》《车马出行图》等画面印象深刻。看到这些壁画中描绘的形象，顿时让我联想到河西走廊魏晋墓中的壁画，以及敦煌经变画中大量的人物、车马、出行仪仗等画面。这些地域跨度上千公里、相差时代逾几百年的绘画形象竟是如此相似，这足以表明中国古代汉文化在华夏大地上传播的广泛性和中国传统艺术风格的统一性、传承性。

　　辽代与元代是中国古代两个重要的由少数民族建立的政权，这两个政权都是崛起于今内蒙古境内的中国北方草原。这两个时期所作的墓室壁画，以图像的形式比文字史料更加真实地再现了古代契丹人与蒙古人的社会生活与文化习俗，是当今学者研究那一阶段的历史、文化、艺术最为直接的资料和佐证。

　　内蒙古的壁画除了墓室壁画以外，另一个重要的篇章就是佛教壁画了。现存有大量佛寺与石窟壁画，尤其是被誉为"草原之敦煌"的阿尔寨石窟，经过一千多年的自然侵蚀，现今依然残存有从北魏至明代的近 2000 平方米珍贵的佛教壁画，这为研究佛教和佛教艺术在内蒙古地区的发展提供了宝贵资料。

　　我作为一名敦煌石窟美术工作者，也曾关注过阿尔寨石窟壁画。如果和敦煌壁画做一比较，阿尔寨第 31 窟中的毗沙门天王人物造型与敦煌唐五代时期的人物造型极为相似，第33窟中的艺术风格也与敦煌石窟西夏、元代的藏传风格壁画艺术形式也有相似性。通过这些壁画的对比，可以清晰地感受到那段历史时期汉族与少数民族文化宗教的交流与传播情况。另外从绘画的角度来看，阿尔寨的石窟壁画的基底制作与绘画技法都与敦煌石窟壁画有诸多相近之处，因为蒙古高原与敦煌都处于古代中国的边塞之地，分别位于"草原丝绸之路"和"陆上丝绸之路"上。在千百年的发展历程中，这两个地区不断被不同民族统治、受到不同文化的洗礼，在碰撞融合中形成了丰富多元的文化艺术传统。因此，对内蒙古地区壁画的研究，是研究中国古代壁画艺术不可或缺的重要组成部分。

这本由侯也老师主编的书稿以内蒙古地区现存墓室、石窟、寺庙为对象，从考古、历史、美术、宗教、民族等几个方面详细地分析研究了壁画艺术风格与发展演变，特别对内蒙古古代壁画的制作技艺做了深入的调查、分析和研究。这些研究成果为广大读者了解和研究古代壁画制作技艺提供了诸多方便。

作为一名石窟美术研究工作者，我在日常工作研究中虽然也关注过内蒙古的壁画，但毕竟没有对其做过深入研究，对于这些数量大、分布散、考察难的壁画内容了解还是非常有限的。读完本书稿受益良多，使我对内蒙地区古代壁画的脉络有了更清晰的认知。

本书稿是由五位从事美术专业不同方向研究的作者，利用自己之擅长，分工合作完成的。作者娴熟地运用严格而规范的美术研究方法，以历史时代为背景，分别对墓室壁画、石窟壁画、寺院壁画进行分类，分析研究了各时期壁画的内容和制作技艺，取得了很好的研究成果；同时，本书在古代壁画的修复、保护和传承方面吸收和总结了区内外文博系统的经典著作及最新实践成果；在史料方面更为全面地体现出了编著者的科研成果、教学成果和实践经验，可以说这是一本集史料性、艺术性和实用性于一体的专业技法研究成果的集大成之作，在国内学术界具有较高的借鉴意义。

因本书中的研究对象零星分散于广阔的内蒙古高原各处，且大多位于交通不便、人烟稀少的草原深处，加之研究时间有限，这对于研究过程中的资料收集造成了极大的困难。作者在研究过程中所付出的艰辛是可想而知的。

本书的主编侯也老师中国画专业毕业，长期从事古代壁画临摹与壁画材料技法的教学实践。十余年来，在教学中常带领学生或自行外出考察各地的古代壁画遗迹，积累了大量一手资料，对中国各地的主要墓葬、石窟、寺庙壁画的认知非常全面，也做过不少的相关研究。近些年他带学生来敦煌考察石窟时，与我有过几次交流。我对其在古代壁画方面的研究观点颇为赞同。此次侯也老师寄来书稿让我作序，我深感惶恐。我虽半生从事敦煌壁画的临摹与研究工作，对于中国古代壁画也有一定的认识和研究，但我主要还是以艺术实践为主，在学术研究方面自知学力不深，又不擅文字，恐难胜任。但承蒙侯也老师再三邀请，觉得不写又有"不识抬举"之嫌，于是就冒汗下笔，勉为作序，旨在抛砖引玉，希望广大对古代壁画有兴趣的同道能共同关注这一研究课题，共同为弘扬光大中华优秀传统文化和提升中华民族的文化自信作出更多的努力。

马 强

2020 年 5 月 18 日记于莫高窟

目录

第一章 绪论

2019 年初秋，习近平总书记在甘肃考察了解莫高窟历史沿革和文物保护情况时强调："要十分珍惜祖先留给我们的这份珍贵文化遗产，坚持保护优先的理念，加强石窟建筑、彩绘、壁画的保护，运用先进科学技术提高保护水平，将这一世界文化遗产代代相传。"2020 年 5 月，总书记又来到大同云冈石窟考察历史文化遗产保护工作，仔细察看了雕塑、壁画，他强调，"云冈石窟是世界文化遗产，保护好云冈石窟，不仅具有中国意义，而且具有世界意义。历史文化遗产是不可再生、不可替代的宝贵资源，要始终把保护放在第一位。""让人们从中感悟中华文化、增强文化自信的过程。要深入挖掘云冈石窟蕴含的各民族交往交流交融的历史内涵，增强中华民族共同体意识。"本书深入贯彻落实总书记指示，拟在内蒙古古代壁画的遗产保护、价值挖掘、文化传播方面作出积极探索。

壁画是人类历史上最早的绘画形式之一，可以回溯到原始社会人类在洞壁和岩石上刻绘的各种图像。随着人类历史的发展演变，古代壁画作为一个独树一帜的艺术门类，在中国古代墓葬文化、石窟文化和寺庙文化中以图像的方式承载着不同历史时期各个民族的生活习俗和宗教信仰。今天我们要深入挖掘、研究内蒙古古代壁画中蕴含的哲学思想、人文精神、价值理念和道德规范，也要加强对民族历史文化的研究，铸牢中华民族共同体意识，做新时代中华文化的继承者、创新者和传播者。

一、相关研究

内蒙古自治区境内发现的古代壁画按年代划分有汉代、五代、辽代、西夏、元代、明清等不同时期。其中墓室壁画主要发现于东汉、辽、西夏和元代；佛教石窟壁画集中于西夏、元代和明代；佛教寺庙壁画则在明清时期。这些不同时期、不同功用的古代壁画犹如散落的明珠分布在内蒙古自治区境内，自考古发现这些墓葬、石窟、寺庙壁画以来，各路学者筚路蓝缕，相关研究层出不穷。

（一）壁画文化相关研究

内蒙古自治区古代壁画的年代、内容、功用之研究牵涉考古学、历史学、美术学、宗教学、民族学和人类学等方面的内容。本书根据壁画三个功用，分别从墓室壁画（图1-1）、洞窟壁画、寺庙壁画三个不同的角度，以年代为经度，将与本书内容相关的学术史择其要者做一梳理。

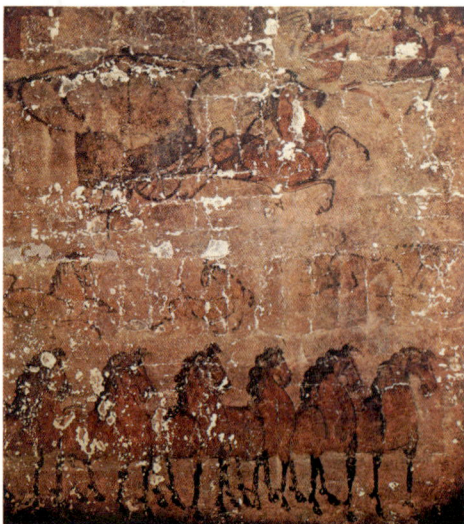

① 内蒙古自治区文物考古研究所编：《和林格尔汉墓壁画》，文物出版社 2007 年版，第 73 页。

图 1-1 墓室壁画牧马图①

1. 墓室壁画

墓室壁画作为一种独特的丧葬艺术形式，不仅可以折射出当时的政治、经济、文化意识和自然生态的发展情况，还可以佐证美术史的发展演变过程，起到以图证史的作用。对于内蒙古地区不同历史时期墓室壁画的考察，有助于我们从另一个角度考察当时壁画的绘制方式，探讨不同时期墓室壁画所体现出的民俗信仰。同时，这些墓室壁画在产生及发展的过程中，与中原地区墓室壁画之间存在着千丝万缕的联系，所以研究内蒙古墓室壁画，在某种程度上可以管窥当时的文化交流情况。

（1）汉代墓室壁画。

汉代墓室壁画的发现，得益于西方近代考古学的东渐。这些瑰丽的汉代墓室壁画，为今天了解汉代以来绘画艺术的发展提供了宝贵的实物资料，而且通过壁画内容题材所呈现出的社会意识、生活习俗、绘画技艺以及媒材的运用，我们可以认识汉代绘画的表现形式和特征。内蒙古境内的汉墓主要分布于长城沿线地区，该地区为两汉边陲，主要有鄂托克、和林格尔、托克托、杭锦等地。这些墓室壁画主要绘于中室和东、西耳室。内蒙古地区最早发现的汉墓壁画在托克托县，罗福颐在《内蒙古自治区托克托县新发现的汉墓壁画》中，对托克托古城西门外汉墓发现的来龙去脉、墓室结构、随葬品、墓室壁画、榜题等进行了比较详细的介绍，并根据壁画风格及题字，推测该墓室壁画属于西汉末期。[①]《托克托县古城村墓葬发掘简报》对托克托县古城村南发现的三座汉代墓葬做了翔实的报告，并经过比对分析研究后指出到了东汉后期，随着庄园经济的发展，墓葬砖石数量和规模达到了中国墓葬制度史上的巅峰时期。内蒙古中南部地区发现数量众多的东汉砖室墓，其规格和豪华程度完全不亚于中原地区，在一定程度上体现了该地区在东汉时期的经济发展水平。南匈奴附汉以后，对东

① 罗福颐：《内蒙古自治区托克托县新发现的汉墓壁画》，《文物参考资料》1956 年 9 月 27 日，第 45 页。

汉北疆地区的安定起到了积极的作用，边疆经济渐趋恢复和发展。在这个过程中，以汉族和匈奴族为主体的各民族人民在边地的开发建设中作出了突出的贡献。①

内蒙古自治区汉代墓室壁画最具代表性的当数绘制精美的和林格尔与凤凰山汉墓壁画（图1-2），壁画中描绘了墓主人生前享乐的生活状况及死后灵魂飞升的虚幻境界。和林格尔和凤凰山都处于内蒙古中南部，这个地区在汉代属于各民族杂融居住地区，壁画所呈现的内容对于研究当时内蒙古中南部地区人们的社会生活有重要的作用。和林格尔1号墓壁画是内蒙古自治区境内最大，同时也是迄今所见内容最丰富的汉墓壁画。这些源于秦汉建筑壁画的墓室壁画是对地面建筑壁画直接而有限地模仿。②和林格尔汉墓中最引人注目的壁画是关于描绘当时我国北方各民族和睦相处、共同开发北国边疆的生动图景，对此《中国北方少数民族史料》③中有详细的论述。壁画以其广泛的题材内容，在一定程度上反映了汉代内蒙古地区社会生活的某些侧面，并以多种多样的绘画表现技巧，显示了该时期绘画艺术的特色。

1978年文物出版社出版的《和林格尔汉墓壁画》④是最早出版的一部关于和林格尔汉墓东汉壁画的图集画册；之后在2009年

① 宋国栋、石磊、乔金贵、任喜贵、马婧：《托克托县古城村墓葬发掘简报》，《内蒙古文物考古》2009年第2期。

② 王朝闻总主编《中国美术史》，顾森主编《秦汉卷》：齐鲁书社、明天出版社2000年版，第233-235页。

③ 鄂嫩哈拉·苏日台：《中国北方少数民族史料》，上海人民美术出版社1990年版，第71-72页。

④ 内蒙古自治区博物馆文物工作队：《和林格尔汉墓壁画》，文物出版社1978年版。

⑤ 图片来自鄂尔多斯博物馆。

图1-2　凤凰山汉墓壁画⑤

由陈永志、黑田彰主编的《和林格尔汉墓壁画孝子传图辑录》①再次对该东汉墓壁画中的"孝子传图"等内容进行了详尽的考释，同时对壁画的全部内容进行了系统的分类，成为第一部系统研究汉代壁画孝悌内容的专著。此外，学界对和林格尔东汉墓壁画的研究多数集中在壁画中庄园图中的榜题图、农业生产图、社会生活图、宴乐百戏图方面，而对凤凰山汉墓壁画的相关研究较少，主要集中在壁画中具体图像内容的考证上。如马利清就内蒙古凤凰山墓室壁画中的女性发式和帽式，通过调查研究、查证文献，认为该壁画墓中出现的发式和帽式跟南匈奴附汉及东汉时期各民族相互杂处和相互影响是分不开的。②

壁画中的图像所反映出的社会生活现象，不同的学者均有考证研究，《中国墓室壁画全集》中对内蒙古中南部汉墓壁画的分布、题材、内容、题记都进行了详实的介绍，并提到和林格尔汉墓的《出行图》（图1-3），生动地描绘了边塞官吏浩浩荡荡的出行行列。③李淑芬的硕士学位论文《从和林格尔汉墓壁画看东汉北方地主庄园》也研究认为，历来作为北方各族人民与中原农牧经济交融的内蒙古中南部地区，历史地位至关重要，南北各族人民彼此物资交换的经济活动中，渗透着风俗文化的影响。和林

图1-3 出行图④

① 陈永志、黑田彰：《和林格尔汉墓壁画孝子传图辑录》，文物出版社2009年版。

② 马利清：《内蒙古凤凰山汉墓壁画二题》，《考古与文物》2003年第2期。

③《中国墓室壁画全集》编辑委员会编：《中国墓室壁画全集：汉魏晋南北朝》，河北教育出版社2011年版，第27页。

④ 内蒙古自治区文物考古研究所编：《和林格尔汉墓壁画》，文物出版社2007年版，第58页。

① 李淑芬：《从和林格尔汉墓壁画看东汉北方地主庄园》，硕士学位论文 2012 年 5 月。

格尔汉墓中的《四民月令》壁画所呈现出的部分劳作时间、季节的安排情况也与当地的情况吻合。"卧账"也与《后汉书》所载当时的中原人喜用胡物相互印证，表现了当时北方游牧民族的生活习俗。① 壁画里的忠孝节义起到了"成教化，助人伦""明劝诫，著升沉"的作用；而展现神兽、吉禽、祥云瑞霭等内容的画面，则反映了当时社会流行的驱邪祈祥的意愿，以及人们对死后有来生的渴望。

梁胜男通过《和林格尔汉墓壁画的视觉形象符号研究》，对和林格尔汉墓壁画与中原同时期壁画比对分析，试图提炼和林格尔汉墓壁画中的传统视觉形象符号，应用于当代公共艺术设计。② 这无疑是在研究过程中继承了优秀传统文化的同时，创新性地和当代的审美意识相结合，为现代公共艺术设计提供了丰富的设计资源。

② 梁胜男：《和林格尔汉墓壁画的视觉形象符号研究》，硕士学位论文 2013 年 3 月 20 日。

此外，戴亚伟在硕士学位论文《内蒙古中南部地区东汉墓壁画研究——以和林格尔汉墓和凤凰山汉墓为例》中，在学界已有的研究成果上把和林格尔汉墓壁画和凤凰山汉墓壁画中的农业、畜牧业及人们日常活动进行对比，并通过对和林格尔墓壁画和凤凰山墓壁画所反映的人们的日常活动来说明东汉时期内蒙古中南部地区的社会生产和生活状况，从而对该地区社会状况有了更深入的了解，探讨了两座汉墓壁画所反映的社会生活的差异性。③

（2）辽代墓室壁画。

辽代是少数民族政权，对中华民族的发展具有重大的贡献。"契丹在中亚建立了西辽，又称黑契丹、哈剌契丹，前后存在了88 年（1124—1211），在中亚西亚产生了很大影响。汉唐丝绸之路是从西安到中亚西亚，辽代、西夏又开辟了北方草原丝绸之路，从辽上京通往中亚西亚，影响至今。"④ 内蒙古自治区内发掘的辽代墓葬及墓室壁画，对进一步研究该时期社会经济、文化特征

③ 戴亚伟：《内蒙古中南部地区东汉墓壁画研究——以和林格尔汉墓和凤凰山汉墓为例》，硕士学位论文 2018 年 6 月 1 日。

④ 史地：《整合力量、打通界限、推进研究——〈辽金西夏研究年鉴〉读后》，《东北史地》2016 年 5 月 10 日。

提供了有力的考古材料，可以说辽代墓室壁画艺术是以契丹族为主体的北方草原画派的延续，为认识北方草原画派绘画艺术的发展提供了丰富的资料。

根据辽代帝陵考古发掘工作获知，挖掘工作进展较大的祖陵、怀陵、庆陵均位于内蒙古自治区境内，辽代墓挖掘考古肇始于20世纪20年代初的法国传教士。在众多的辽代墓葬中，拥有精美壁画的辽墓就有百余座，这些壁画既是草原生活的写照，又兼收并蓄了唐、宋绘画的风格，内容丰富多彩，既包括贵族宴饮（图1-4）、出游、游牧、仪仗等反映生活习俗方面的内容，也有表现山川自然和神仙鬼怪的图像。这些墓室壁画特色鲜明，与同时期中原墓葬壁画既有千丝万缕的联系，又具有与中原迥异的艺术风格，是辽代社会生活的缩影。

图1-4 备饮图

① 齐晓光、盖志勇、丛艳双：《内蒙古赤峰宝山辽墓壁画墓发掘简报》，《文物》1998年1月15日。

② 王青煜、康利君、李建奎、双世辉、左利军：《内蒙古巴林左旗哈拉海场辽代壁画墓清理简报》，《文物》2014年4月25日。

③ 董新林、塔拉：《内蒙古扎鲁特旗浩特花辽代壁画墓》，《文物》2003年1月25日。

④ 王未想：《内蒙古巴林左旗滴水壶辽代壁画墓》，《文物》1999年8月25日。

⑤ 王大方：《内蒙古敖汉旗辽代契丹壁画墓抢救工作取得重大成果》，《内蒙古社会科学》（文史哲版）1996年3月30日。

⑥ 乌力吉：《辽代墓葬艺术中的捺钵文化研究——以内蒙古地区辽代墓壁画为中心》，中央美术学院，博士研究生论文2006年5月20日。

⑦ 王岩：《内蒙古克什克腾大营子辽代石棺壁画墓》，《文物》2015年11月25日。

⑧ 特日格勒：《内蒙古辽墓壁画所见生活器物研究》，内蒙古大学硕士学位论文2018年6月1日。

对于内蒙古境内辽代壁画的研究有专著、期刊论文、会议论文、博士学位论文、硕士学位论文等，研究内容主要体现在四个方面。

一是对壁画墓的发掘考察或壁画墓抢救工作方面的报告，如《内蒙古赤峰宝山辽墓壁画墓发掘简报》①《内蒙古巴林左旗哈拉海场辽代壁画墓清理简报》②《内蒙古扎鲁特旗浩特花辽代壁画墓》③《内蒙古巴林左旗滴水壶辽代壁画墓》④ 等。此外，王大方的《内蒙古敖汉旗辽代契丹壁画墓抢救工作取得重大成果》⑤ 对敖汉旗境内一批遭人为破坏或自然破坏的辽代壁画墓临摹抢救情况进行了比较详细的介绍。

二是针对壁画中的图像内容、民俗文化、绘画技法、艺术特点等采用了以点带面的方式进行不同的专题研究。如乌力吉的博士学位论文《辽代墓葬艺术中的捺钵文化研究——以内蒙古地区辽代墓壁画为中心》，在前人研究成果的基础上，从契丹民族最具特色的捺钵文化角度切入，把壁画墓作为集中研究的对象，从民族文化角度分析了契丹民族的美术特征和内涵，揭示了辽朝腹地墓室壁画中的契丹族文化因素，对于阐明契丹美术独特的审美特征同北方草原游牧文化各个方面的内在联系具有重要的理论意义。⑥《内蒙古克什克腾大营子辽代石棺壁画墓》对残存的克什克腾大营子壁画配图做了图像性的描述，为进一步研究辽中期契丹民族的文化、生活习俗等提供了前期的基础性资料。⑦ 特日格勒在硕士学位论文《内蒙古辽墓壁画所见生活器物研究》中通过整理内蒙古辽代壁画墓中出行图、宴饮图、烹饪图、景观图、人物肖像图、狩猎图中出现的器物图像，与墓葬出土实物相对照，确定壁画中的器物确为辽墓中出土的器物，并且通过壁画中的场景分析该器物的用途，进一步对辽代契丹人的生活习俗进行了考证。⑧ 袁昭昭以文献典籍与出土墓室壁画中的契丹妇女图像相结合，探讨了辽代契丹女性形象，并对其背后的历史文化因素和社会背景进行了剖析。[1] 闫丹通过对鄂尔多斯地区墓室壁画造型语言的研究，分析了影响该墓室壁画艺术语言的各种因素，对鄂尔多斯地区汉代墓室壁画造型语言和价值有了较为准确的定位。[2]

三是对辽代墓室壁画综合性的研究。《中国北方少数民族美术史料》专辟"辽代美术"章节，对形成辽代美术特征的历史文化背景做了全方位的论述，尤其是在"北方草原画派的壁画艺术"中，将北方草原画派壁画艺术分为早、中、晚三个发展时期，并结合各个时期的墓室壁画，做了详细论述：早期壁画构图单纯、敷色淡雅、内容简单，多以游牧生活和辽地草原自然风光为主题（图1-5）；中期成熟的壁画比较多，内容上多以出行、归来、宴饮、起居、仪卫、女侍等为主，大多数壁画反映了契丹族特有的民族生活习俗；晚期辽墓壁画的题材、形式、内容都有了很大的变化，反映北方草原画派风格的壁画越来越少，完全被汉化了的壁画内容所代替。[3] 也以此可知，内蒙古自治区境内的墓室壁画属于辽代早中期。

张蔚的《辽墓壁画的发现与研究》对历年学者对辽墓壁画的

① 袁昭昭：《辽代契丹女性形象》，西北民族大学硕士学位论文2018年5月1日。

② 闫丹：《鄂尔多斯地区汉代墓室壁画造型语言研究》，内蒙古师范大学硕士学位论文2019年6月25日。

③ 鄂嫩哈拉·苏日台：《中国北方少数民族史料》，上海人民美术出版社1990年版，第326—390页。

图1-5 骑士图

① 张蔚：《辽墓壁画的发现与研究》，《耕耘录：吉林省博物院学术文集 2010—2011》2012 年 12 月 1 日。

② 邵国田：《赤峰辽墓壁画综述》，《华西语文学刊》2013 年 6 月 30 日。

③ 聂定：《辽代内蒙古草原题材墓葬壁画研究》，《赤峰学院学报（汉文哲学社会科学版）》2017 年 11 月 25 日，第 16 页。

④ 葛易航：《辽代墓室人物壁画主题研究》，哈尔滨师范大学，博士学位论文，2017 年 11 月 1 日。

⑤ 孙俊峰：《试析辽代墓葬壁画中表现的汉化与契丹化并行现象》，内蒙古大学硕士学位论文 2016 年 4 月 25 日。

发现与研究情况进行一个初步梳理和总结。① 邵国田以内蒙古赤峰市 1994—2006 年间所发现的 44 座墓地 68 座墓葬 2000 余平方米的辽墓壁画为例，对赤峰辽墓壁画有关研究做了综述。并按壁画内容与所绘位置的关系、辽墓壁画内容的分类、绘画形式做了翔实的论述，进一步阐述了北方草原画派独特的艺术特色。② 聂定认为作为游牧民族建立的王朝，草原文化艺术创作众多，绘画便是重要的一类。墓室壁画作为现存最多的辽代绘画艺术，从出行及归来图、饮食图、狩猎图、放牧图、草原风景图和草原游牧驻地图六个方面，展示出了辽代草原题材绘画艺术，是在传统游牧文化、唐宋文化以及西方文化共同作用下绽放而出的艺术瑰宝。③ 葛易航通过《辽代墓室人物壁画主题研究》依托美术考古资料，着重探讨了辽代墓室壁画中人物壁画主题的演变、特点及功用，指出辽代墓室人物壁画主题类型特点与演变生成的根源，是隋末唐初以来多元文化相互影响所致，并认为辽代墓室人物壁画三个主要历史时期是单一的早期主题、开放的中期主题、丰富的晚期主题；五类人物壁画主题，即恭敬顺从的侍从类、人物众多的仪仗出行类、汉族生活的饮食起居类、草原文化的放牧狩猎类、取法中原的文体娱乐类。这三个主要时期的发展脉络和五类人物壁画主题的特点，贯穿支撑起辽代墓室人物壁画主题发展演变的历程。④ 孙俊峰在《试析辽代墓葬壁画中表现的汉化与契丹化并行现象》⑤ 通过对辽墓壁画的研究，分析了辽王朝政权下辽人汉化和汉人契丹化现象的社会文化背景和发展历程，对于了解辽王朝统治下民族间交流和融合所带来的社会生活变化提供了比较清晰的思路。通过辽代墓室壁画也可以了解到辽代居住生活的汉人在生活方面的胡化特征。对此杨星宇、郑承燕在《道法自然，兼收并蓄——兼论内蒙古地区辽代墓葬壁画特点》中将辽代壁画墓按墓葬形制作分期依据，通过对墓室壁画布局、内容、绘画技巧进行比对分析，将北区辽代壁画墓分为早、中、晚三期五段，认为早期壁画内容多以契丹人的游牧生活场景和住地的自然风光为主题，绘画技法笔法简练，装饰风格较浓；辽代中期墓室壁画已经受到辽代二元政治的影响，这一时期契丹人与汉人墓室壁画既有各自独特的民族特点，又有因相互吸收借鉴而呈现出新的图像特征，绘画技法从早期的写意逐渐过渡到写实；辽代晚期墓室壁画绘制技艺已日臻成熟，与中期拘束严谨的风格相比，晚期壁画在物象的刻画上已更加传神。①张鹏在博士学位论文《辽墓壁画研究——以庆东陵、库伦辽墓和宣化辽墓壁画为中心》中，选取庆东陵辽墓壁画、库伦辽墓壁画和宣化辽墓壁画作为研究中心，通过对其艺术风貌做具体细致的图像分析与对具体内容的释读，对壁画的主题内容、图像样式、构图布局、风格技法做了整体的研究与比照。研究认为辽代绘画在吸收中原绘画传统的基础上，又注重自身文化的建设，力图将辽代美术纳入唐宋时期的时空关系中，建构起辽墓壁画、辽代美术及其与多民族美术史的关系，而对于辽墓壁画的研究，将为研究唐宋风格的变化提供新的资源体系，也将有助于更进一步地认识中华民族多元一体格局的文化艺术互动，从而为中华民族多元一体的美术史的建构寻找契机。②

四是关于辽代墓室壁画研究综述，如《辽墓壁画的考古发现与研究综述》③《辽金元时期壁画研究综述概要》④《辽墓壁画的发现与研究》⑤，这些研究从不同的角度对辽墓壁画研究的情况与进展做了梳理和比较中肯的分析。

（3）元代墓室壁画。

内蒙古境内的元代墓室壁画不多，位于赤峰市元宝山公社宁家营子乡砂子山西坡的一座小型砖砌元代单室墓，墓室四壁面及券顶布满彩绘壁画，为研究元代舆服、礼乐制度（图1-6）、生活习俗、美术等提供了难得的形象资料。为使元墓壁画得到完整

① 杨星宇、郑承燕：《道法自然，兼收并蓄——兼论内蒙古地区辽代墓葬壁画特点》，《中国博物馆》，2010年9月15日。

② 张鹏：《辽墓壁画研究——以庆东陵、库伦辽墓和宣化辽墓壁画为中心》，中央美术学院，博士学位论文，2004年6月1日。

③ 黄小钰：《辽墓壁画的考古发现与研究综述》，《故宫博物院院刊》，2015年1月30日。

④ 王天姿、王禹浪：《辽金元时期壁画研究综述概要》，《满族研究》，2016年3月25日。

⑤ 张蔚：《辽墓壁画的发现与研究》，《耕耘录：吉林省博物院学术文集2010—2011》，2012年12月1日。

图1-6 伎乐、门吏[1]

① 徐光冀主编：《中国出土壁画全集》，科学出版社2012年版，第223页。

② 王丽华：《砂子山元墓壁画的揭取与修复》，《内蒙古文物考古》，1986年6月15日。

③ 项春松、贾洪恩：《内蒙古翁牛特旗梧桐花元代壁画墓》，《北方文物》，1992年9月30日。

的保护，赤峰市文物工作站对该墓壁画进行了揭取与修复，王丽华在《砂子山元墓壁画的揭取与修复》中做了翔实的论述。[2]

项春松、贾洪恩的《内蒙古翁牛特旗梧桐花元代壁画墓》的论文，指出该墓室四壁、券顶及转角处均以白灰做底子，然后以墨线勾勒，敷以红、绿、白三色，平涂着色。壁画内容以宗教或佛教故事为主，这在墓室壁画中也不多见，与元代成吉思汗以来盛行的藏传佛教文化背景有着密切的关系，虽然壁画绘制技巧略显低劣，但在元代壁画极为稀少的情况下，仍不失具有一定的历史、艺术研究价值。[3]

2. 洞窟壁画

被誉为"草原之敦煌"的阿尔寨石窟，位于内蒙古河套平原鄂托克旗阿尔巴斯苏木中西部草原上，既有壮观的寺庙、宫殿，又有精细入微的石窟建筑、摩崖石刻造像和绚丽多彩的壁画、雕塑，展现了极高的艺术价值和历史价值。石窟中还保存有回鹘蒙古文、梵文、藏文等多种文字的榜题，现仅残存壁画面积约2000平方米，是蒙古草原目前发现规模最大的石窟群，具有鲜明的草原文化、蒙古民族文化特色，是藏传佛教文化的荟萃之地，也是一座集礼佛与祭祀双重功能的石窟寺。（图1-7）阿尔寨石窟的开凿上迄北魏中期，历经隋唐、西夏，至元代更为兴盛，并一直延续到明代。

图 1-7 阿尔寨石窟壁画 [1]

① 图片来自鄂尔多斯博物馆。

　　阿尔寨石窟壁画面世之后，相关专家学者相继从不同的角度展开研究，汤晓芳《阿尔寨石窟的密宗壁画及其年代》中，就阿尔寨石窟壁画中两种不同绘画风格的密宗人物画十一面观音图像和男女双身图像的艺术形象与绘制技术所反映的特征，初步探讨了密宗壁画进入该窟的年代，并研究认为具有藏密艺术风格的双身图像进入阿尔寨石窟的最早年代应为西夏中晚期。[2] 陈育宁、汤晓芳《阿尔寨石窟男女双身佛像探析》除了继续确定藏传佛教传入阿尔寨地区的最早时间应该是西夏时期外，还研究认为元代是阿尔寨石窟藏密艺术的发展期，男女双身佛像进入阿尔寨石窟与藏传佛教在当地的传播密切相关。阿尔寨石窟各种形式的双身佛像的艺术特点既蕴含了中外文化交流的信息，又体现了藏传佛教艺术的民族特色和地方特色。[3] 陈育宁、汤晓芳又在《阿尔寨石窟第 31 窟毗沙门天王变相图释读》中，对阿尔寨石窟壁画中的毗沙门天王变相图中人物造型、服饰、法器、产生的背景进行了翔实的考证，研究认为阿尔寨石窟壁画中的毗沙门天王人物造型同唐、五代壁画人物造型基本一致；毗沙门天王变相图反映了在蒙古贵族东征西伐的背景下，祈求战神毗沙门天王的保佑，表达对战神的崇拜和信仰；毗沙门天王变相图中上师说法的场景，可能是八思巴字创制之前一次关于藏传佛教重大佛事活动的场

② 汤晓芳：《阿尔寨石窟的密宗壁画及其年代》，《宁夏大学学报（人文社会科学版）》，2006 年 3 月 10 日。

③ 陈育宁、汤晓芳：《阿尔寨石窟男女双身佛像探析》，《内蒙古社会科学（汉文版）》，2006 年 7 月 10 日。

① 陈育宁、汤晓芳：《阿尔寨石窟第 31 窟毗沙门天王变相图释读》，《内蒙古社会科学（汉文版）》，2009 年 5 月 10 日。

② 汤晓芳：《阿尔寨石窟的开凿与藏传佛教艺术传入的年代探析》，《鄂尔多斯研究会专家委员会》，2012 年 5 月 1 日。

③ 汤晓芳：《一幅西夏时期的壁画——阿尔寨石窟第 33 窟壁画释读》，《探索、收获、展望——鄂尔多斯学十五周年纪念文集》，2017 年 8 月 1 日。

④ 康·格桑益希：《内蒙古阿尔寨石窟八思巴壁画探秘》，《西藏研究》，2005 年 5 月 25 日。

⑤ 奇·斯钦：《阿尔寨石窟部分壁画的绘制年代与个性化特点》，《前沿》，2010 年 12 月 15 日。

面，具有鲜明的藏传佛教特征，并根据研究断定这是一幅蒙元时期创作的作品。① 汤晓芳又在《阿尔寨石窟的开凿与藏传佛教艺术传入的年代探析》一文中，对阿尔寨石窟开凿群的年代进行分析，推断其开凿年代很有可能要早于 13—14 世纪，并进一步考证认为藏传佛教宗教绘画进入阿尔寨石窟的最早时间应该为西夏晚期。西夏壁画艺术的中原传统和藏地传统的同时并举，是西夏壁画的总体特征，多元风格使西夏绘画呈现出颇为繁荣的局面。② 汤晓芳《一幅西夏时期的壁画——阿尔寨石窟第 33 窟壁画释读》，从"阿尔寨石窟第 33 窟壁画释读""壁画的时代背景""绘画技法呈宋初山水人物画特点"三个方面研究得出阿尔寨石窟第 33 窟的这幅壁画，从题材上看宗教人物与世俗人物汇于一铺，从画面布局上看似大黑神护法居中，上列一排上师有藏传佛教唐卡艺术元素；从绘画技法上线描与着色具有中原山水人物画传统，充分表现了汉传佛教艺术与藏传佛教艺术同时并存又相互吸收的西夏绘画艺术的时代特征。③

除了陈育宁、汤晓芳两位先生的多篇力作外，康·格桑益希《内蒙古阿尔寨石窟八思巴壁画探秘》着重对与元朝国师、帝师、藏传佛教萨迦派第五祖八思巴相关的以史作画、以画记史的历史壁画的渊源、重大现实意义及其审美特征等做了较深入的论述，研究认为该壁画折射出了元代时期藏族文明东向发展进程中，对周边地区及其他民族的政治、宗教、思想文化等方面所产生的巨大影响和历史意义。④ 奇·斯钦《阿尔寨石窟部分壁画的绘制年代与个性化特点》，根据有限的元代文献、榜题的文献来源、部分壁画的内容特征，断定阿尔寨石窟晚期壁画的绘制年代应该在北元时期。⑤

阿尔寨石窟壁画内容的考证及年代推断，是一项极为重要且必不可少的工作，以上几位专家学者尤其是汤晓芳、陈育宁的研究成果具有极其重要的参考价值和意义，这无疑对阿尔寨石窟壁画的进一步研究与推动起到了很大的作用。在此基础上，相关对阿尔寨石窟壁画的研究不胜枚举，如李雨濛的《内蒙古阿尔寨石窟第 28-31 壁画观察》[1]和《内蒙古阿尔寨石窟第 28-31 窟世俗人物壁画研究》[2]，王鹏的《内蒙古阿尔寨石窟壁画与草原游牧文化》[3]，潘春利、侯霞的《内蒙古阿尔寨石窟壁画的题材特点与艺术特色》[4]，陈月香的《内蒙古阿尔寨石窟 31 窟壁画研究》[5]等等。还有一系列相关研究成果可供参考，此处不再赘述。这些研究均为本书的研究奠定了坚实的基础。

3. 寺庙壁画

内蒙古地区寺庙壁画主要是明清时期土默特地区遗存的藏传佛教寺庙壁画。从这些佛教壁画中，可以看到蒙古族自身审美意识、藏传佛教艺术、中原汉地文化在这里的交会融合。本书主要对内蒙古包头附近的明清寺庙美岱召、五当召及内蒙古呼和浩特市玉泉区大召寺遗存的壁画做系统地整理与研究。"召"在蒙语里就是"庙"的意思，研究寺庙壁画，了解寺庙的营建历史是最为基本的内容之一。由王磊义、姚桂轩、郭建中历时五年完成国家文物局 2003 年立项课题，并共同编写完成的《藏传佛教寺院美岱召五当召调查与研究》一书，全面介绍了美岱召（图 1-8）与五当召两座寺院的历史、宗教、建筑、文物、艺术、民俗等。[6]奇洁

图 1-8 美岱召外景

① 李雨濛：《内蒙古阿尔寨石窟第 28-31 壁画观察》，《北方民族考古》（第 1 辑），2014 年 10 月 1 日。

② 李雨濛：《内蒙古阿尔寨石窟第 28-31 窟世俗人物壁画研究》，《内蒙古社会科学》（汉文版），2016 年 7 月 10 日。

③ 王鹏：《内蒙古阿尔寨石窟壁画与草原游牧文化》，内蒙古大学，硕士学位论文，2013 年 6 月 1 日。

④ 潘春利、侯霞：《内蒙古阿尔寨石窟壁画的题材特点与艺术特色》，《内蒙古艺术》，2017 年 9 月 15 日。

⑤ 陈月香：《内蒙古阿尔寨石窟 31 窟壁画研究》，内蒙古师范大学，硕士学位论文，2011 年 3 月 20 日。

⑥ 王磊义、姚桂轩、郭建中：《藏传佛教寺院美岱召五当召调查与研究》，中国藏学出版社，2009 年 12 月。

① 奇洁：《汉藏艺术交流的草原之路——内蒙古土默特地区藏传佛教寺院壁画研究》，《论草原文化》（第九辑）2012年6月27日。

② 任美平、张琰、郭静：《佛教对内蒙古西部地区寺庙经变壁画的影响》，《内蒙古农业大学学报》（社会科学版）2013年12月15日。

③ 程旭光、刘毅彬：《美岱召召庙建筑、壁画艺术考察报告》，《内蒙古师大学报（哲学社会科学版）》1983年10月1日。

④ 殷福军：《美岱召壁画研究现状述评》，《内蒙古艺术》2012年3月15日。

⑤ 奇洁：《美岱召及其大雄宝殿壁画研究》，《阴山学刊》2013年10月20日。

⑥ 王磊义：《内蒙古美岱召明代壁画研究》，《中国藏学》2013年5月15日。

⑦ 杨海英：《美岱召三娘子图艺术价值及文化内涵探析》《大众文艺》2014年1月30日。

⑧ 郭晓英：《内蒙古西部地区藏传佛教壁画的文化人类学解读——以美岱召大雄宝殿西壁壁画为例》，《内蒙古艺术》2014年3月15日。

在《汉藏艺术交流的草原之路——内蒙古土默特地区藏传佛教寺院壁画研究》中，根据历史文献对明清时期土默特地区藏传佛教寺的历史文化背景做了详细的论述，① 基本上对土默特地区藏传佛教寺院壁画的历史文化背景梳理出了较为清晰的脉络与线索。任美平、张琰、郭静的《佛教对内蒙古西部地区寺庙经变壁画的影响》一文中，在收集整理内蒙古西部地区寺庙壁画资料的基础上，阐述了不同时期藏传佛教对于内蒙古西部地区寺庙经变壁画的影响，总结出内蒙古西部地区寺庙经变壁画的三大艺术特征及内涵。② 下面就美岱召、五当召、大召寺壁画研究情况略作概述。

美岱召建于明万历三年（1575年），坐落在今内蒙古包头市土默特右旗境内，是内蒙古地区所建的第一座藏传佛教寺庙，是蒙古族全民从信仰萨满教改信佛教的象征。它汇集蒙、藏、汉等多元文化于一寺，具有重要的研究价值。美岱召的殿堂里几乎满是壁画，从经堂到大雄宝殿、白马天神庙、琉璃殿、太后庙都有精美的壁画和图案装饰。统观壁画内容，大体可分为佛像、佛经故事、菩萨、高僧及密宗金刚、花鸟禽兽等。程旭光、刘毅彬《美岱召召庙建筑、壁画艺术考察报告》③ 对此做了简要的介绍，也由此获知美岱召寺院中不同题材绘画的风格特点及画风影响之渊源。学界对美岱召寺院壁画的研究也是硕果累累，殷福军在其《美岱召壁画研究现状述评》④ 中，对2012年初之前的相关研究做了抽丝剥茧般的梳理，述评也比较中肯。而2012年至今，对于美岱召壁画的研究，多数为青年学者，这些学者在前辈研究的基础上，选择一个点试图进一步深入挖掘其艺术特点和文化价值，如奇洁的《美岱召及其大雄宝殿壁画研究》⑤，王磊义的《内蒙古美岱召明代壁画研究》⑥，杨海英《美岱召三娘子图艺术价值及文化内涵探析》⑦，郭晓英的《内蒙古西部地区藏传佛教壁画的文化人类学解读——以美岱召大雄宝殿西壁壁画为例》⑧、《美

图1-9 大召寺外景

① 郭晓英：《美岱召与乌素图召壁画题材的分析与比较》，《内蒙古艺术》2015年9月15日。

② 莫日根、杜粉霞：《内蒙古美岱召太后庙壁画研究》，《山西建筑》2017年10月1日。

③ 陈琪：《内蒙古美岱召壁画艺术初探》，《赤峰学院学报（汉文哲学社会科学版）》2018年11月25日。

④ 常喆：《永乐宫和敦煌壁画对美岱召壁画的影响》，《设计艺术研究》2019年10月15日。

⑤ 奇洁：《内蒙古大召寺壁画艺术研究》，《佛教文化》2008年4月15日。

⑥ 奇洁：《内蒙古大召寺乃琼庙佛殿壁画研究》，首都师范大学硕士学位论文2009年5月15日。

⑦ 奇洁：《内蒙古大召寺乃琼庙佛殿壁画护法神研究》，《中国藏学》2011年11月15日。

⑧ 奇洁：《内蒙古大召寺乃琼庙佛殿壁画匠神研究》，《天津美术学院学报》2013年9月25日。

⑨ 王建军、张涛：《五当召却伊拉殿佛像及壁画简介》，《新西部》（下旬，理论版）2011年11月30日。

⑩ 刘咏梅：《浅析包头市昆都仑召与五当召壁画之异同——以〈如意藤本生经〉壁画为例》，《南京艺术学院学报》（美术与设计版）2013年8月15日。

岱召与乌素图召壁画题材的分析与比较》①，莫日根、杜粉霞的《内蒙古美岱召太后庙壁画研究》②，陈琪的《内蒙古美岱召壁画艺术初探》③和常喆的《永乐宫和敦煌壁画对美岱召壁画的影响》④。

内蒙古大召寺（图1-9）坐落于内蒙古呼和浩特市玉泉区，始建于明神宗万历七年（1579年），里面有保存较为完整的清代壁画，是内蒙古境内现存较完整、保持历史原貌的护法神壁画。奇洁对大召寺乃琼庙壁画艺术做了深入研究，先是公开发表《内蒙古大召寺壁画艺术研究》⑤，后又在硕士学位论文《内蒙古大召寺乃琼庙佛殿壁画研究》进行更深层次的探究，⑥之后又对壁画中的具体神灵图像进行了专题研究，如《内蒙古大召寺乃琼庙佛殿壁画护法神研究》⑦和《内蒙古大召寺乃琼庙佛殿壁画铁匠神研究》⑧。

五当召（图1-10）始建于乾隆十四年（1749年），是清朝时期内蒙古地区所建大型寺院中至今保存最完整、规模最大的藏式建筑群，也是内蒙古地区有名的学问寺。王建军、张涛《五当召却伊拉殿佛像及壁画简介》对于五当召却伊拉殿的壁画及绘制颜料媒材做了简单介绍；⑨刘咏梅以《如意藤本生经》壁画为例，辨析了包头昆都仑召与五当召壁画之间的异同。⑩奇洁《纳塘印刻版画演绎出的汉藏满蒙民族交流——内蒙古五当召与昆都仑召

图 1-10　五当召外景

① 奇洁：《纳塘印刻版画演绎出的汉藏满蒙民族交流——内蒙古五当召与昆都仑召佛传故事壁画研究》，《美术学报》2018 年 1 月 25 日。
② 闫晓彤：《五当召苏古沁壁画研究》，内蒙古师范大学硕士学位论文 2019 年 6 月 7 日。

佛传故事壁画研究》依据故宫博物院藏 31 幅释迦百行传故事绘画唐卡展开研究，探究其图像来源，进而推知清代西藏纳塘印刻版画在漠南蒙古的流传，得以辨识五当召与昆都仑召壁画内容与排序，以及作为壁画绘制粉本的可能性。① 闫晓彤的《五当召苏古沁壁画研究》，通过对五当召苏古沁殿一层东西两壁《如意藤本生经》题材壁画进行系统梳理，力图提炼藏传佛教在内蒙古地区特有的艺术风格和艺术元素。②

还有一些零星刊登或出现于相关文章的内容多有重复，不再一一罗列。总之，所有这些从不同学科与角度对土默特地区明清藏传佛教壁画的研究提供了可资比较与借鉴的材料。

（二）制作技艺相关研究

对于内蒙古自治区内古代墓室壁画制作技艺的相关研究，首先是对和林格尔汉墓的摹复实践。李强在《从"传移模写到全息摹复"的壁画保护——以内蒙古和林格尔东汉壁画墓的摹复实践为田野个案》中，以自己参加 2018 年国家艺术基金中国古代壁画摹复系统技法人才培训项目的学习，（图 1-11）结合内蒙古和林格尔东汉壁画墓的临摹实践，记录并总结了相关的技术

图 1-11 国家艺术
基金培训

还原过程。①

对于五代墓室壁画绘制技艺的研究，有沈灵、桐叶文良、冢田全彦、杜晓黎的《内蒙古塔尔梁五代墓葬壁画材料和制作工艺研究》，这四位学者来自中国和日本相关研究机构，为了了解该壁画的材料和制作工艺，他们通过科学的研究手段，利用显微镜、扫描电镜及能谱仪（SEM－EDS）、X射线衍射仪（XRD）和拉曼分光光谱仪对揭取时脱落的5个试料的颜料层、白灰层和地仗层的材料进行了分析。从而获知绘制壁画不同颜料的成分，并根据材质分析壁画的制作工艺是加入了石灰的拌草泥层地仗上涂抹较薄的石灰浆，然后在上面作画。这些研究为内蒙古五代墓室壁画制作工艺的研究提供了科学依据，同样为同类科学分析提供了参考。②

夏寅、郭宏、王金华、巴图吉日嘎拉、王伟锋在《内蒙古阿尔寨石窟壁画制作工艺和颜料的分析研究》中，利用偏光显微镜分析、剖面分析、X射线衍射分析等科学方法，为我们呈现了阿尔寨石窟壁画的制作工艺和颜料成分。③

综上有关内蒙古地区古代不同时期壁画制作技艺的研究，并有历代有代表性的名家总结的成熟的临摹观念和方法，为我们进

① 李强：《从"传移模写到全息摹复"的壁画保护——以内蒙古和林格尔东汉壁画墓的摹复实践为田野个案》，《内蒙古艺术学院学报》2018年12月15日。

② 沈灵、桐叶文良、冢田全彦、杜晓黎：《内蒙古塔尔梁五代墓葬壁画材料和制作工艺研究》，《文物保护与科学考古》2018年12月。

③ 夏寅、郭宏、王金华、巴图吉日嘎拉、王伟锋：《内蒙古阿尔寨石窟壁画制作工艺和颜料的分析研究》，《文物保护与考古科学》2007年5月15日。

一步研究壁画制作提供了便于参考的资料和方法。

二、选题意义

（一）展现内蒙古先民传统的壁画文化

早期我国美术史的研究，对魏晋以前绘画艺术的了解主要依据于古代文献典籍的记载。近年来，随着国家文化建设事业的发展，文物考古工作不断发现的墓室、石窟及寺院壁画，在绘画技艺和绘画题材方面，展现了民间画工在绘画领域所进行的探索，也从不同方面补充了绘画史的研究领域。

内蒙古自治区境内，先后发现的汉代、辽代、西夏、元代墓室壁画，彰显了内蒙古地区古代墓室壁画的厚重与绚烂多彩；被誉为"草原之敦煌"的阿尔寨石窟壁画，历经西夏、元代、明代、清代，向世人动态地展示了内蒙古该时期佛教艺术长卷；明清时期藏传佛教大召寺、美岱召、五当召内精美的壁画，不仅在题材内容上，更是在绘画表现技艺上，揭示了内蒙古地区壁画艺术发展的瑰丽景象，并比较全面地呈现了当时藏传佛教绘画艺术的发展面貌。在这个过程中，不同民族、不同政权对于文化的交流与融合都作出了积极的贡献。

季羡林先生曾说过："一部学术发展史告诉我们：学术进步犹似运动场上的接力赛。后者总是在前者已经取得的成绩的基础上继续前进的。推陈出新，踵事增华是学术发展的规律。"[①] 在对内蒙古自治区古代各类壁画已有研究成果的学习中，对于一些初学者或相关专业的学习者来说极难一下子接受消化，或因资料的过于分散而使查阅极为不便。所以，在学术接力赛中，后来者整合之前专家学者已有的研究成果，将内蒙古自治区境内具有代表性的古代壁画进行系统的汇集整理与研究。对古代墓室壁画、

① 季羡林主编：《敦煌学大辞典》，上海辞书出版社 1998 年版，见"序"部分。

石窟壁画、寺庙壁画所依附的建筑结构、题材内容、制作工艺和颜料媒材逐一做梳理与研究，并从制作技艺的保护与壁画数据库的建立等方面，研究内蒙古传统壁画制作技艺的传承与保护。该书尽可能全面介绍内蒙古自治区内古代壁画艺术的方方面面，编写中利用了大量前人的研究成果，也提出了我们对壁画艺术研究中一些带有普遍性意义问题的思考，对比较系统地展现内蒙古先民传统的壁画文化具有全景式的表现意义。

（二）追溯内蒙古传统壁画制作技艺的发展与变迁

本书的编写，全面覆盖明清以前内蒙古地区的古代壁画，研究在每段历史时期节点上的壁画内容，其构图形式、造型特点、线条表现、敷色材料及运用，比如早期墓室壁画的绘制技艺既有当时内蒙古地区先民的绘画特色，也有融合了中原汉文化的艺术表现，在绘画技艺上呈现出多种表现形式与方法；而辽墓壁画是在契丹族逐渐封建化的过程中产生的，在吸收中原绘画传统的基础上，又具有鲜明的民族和地方特色，可以说是以契丹族为主体的北方草原画派的延续和更大的发展，辽代壁画为北方画派的绘画艺术发展的认识提供了丰富的形象资料；[①] 到了佛教石窟寺庙壁画，除了有不同民族间艺术技法的借鉴，也有对外来样式的模仿、改造，最后形成新的艺术形象。所以本书通过动态地展现每一历史时期壁画的制作工艺，为内蒙古传统技艺的传播起到了积极的作用。

（三）推动对传统壁画制作技艺的抢救与保护工作

对古代壁画的研究学习与保护，临摹工作不可或缺。（图1-12）临摹工作是美术工作者学习古典艺术遗产，继承和发扬民族艺术传统的手段和方法，绝不是"依样画葫芦"，而是一项研

① 鄂嫩哈拉·苏日台编著：《中国北方民族美术史料》，上海人民美术出版社1990年版，第350页。

图 1-12　赵俊荣先生对壁临摹

① 段文杰：《敦煌石窟艺术论集》，甘肃人民出版社 1988 年版，第335 页。

究细致的艺术劳动。临摹的成果可供广大群众欣赏研究，又可作为美术学校师生、美术家学习古代艺术的依据。在临摹过程中，必须对原作仔细观察、体会和分析研究，才能忠实地表达原作的精神。因此，临摹过程就是进行研究的过程。[①] 该书在最后一章对"原壁画修复和现状临摹"的研究无疑是对壁画制作技艺的传承与保护。

同样，采集、建立图像数据库是推动对传统壁画制作技艺的抢救与保护工作的有效手段。快捷的检索和查询方式，提高了检索效率，更加方便研究工作的开展，为古代壁画的保护和修复工作提供了有效的图像依据；而且数据库的建立将成为永久性保存古代壁画艺术信息的新手段。

三、研究方法

从上面学术史的梳理过程中，不难发现专家学者们对这些古代壁画的研究，主要采用考古学、图像学、功能学、美术学的方法，前三种方法分别代表的是古代墓室、石窟、寺庙壁画的三个研究阶段。考古工作是古代出土壁画研究的第一步，图像学是在考古资料的基础上的深入，是对图像的更深层的研究解读。而功能意义的探讨则又是在图像认识的基础上，完全深入图像的本质、图像的时代、图像的创作意图的探讨。[①] 在前三种方法的基础上，本书运用工艺美术的方法进一步研究壁画的艺术特色、绘画技艺、画风画技源流，可以更客观更好地临摹研究壁画。另外一些学者运用科学仪器测定壁画的制作工艺和颜料分析，为更好地研究壁画提供了科学依据。作者将在本书的编著过程中，继续将这些研究方法贯穿始终。

① 郑炳林、沙武田编著：《敦煌石窟艺术概论》，甘肃文化出版社2005年版，第21页。

第二章
内蒙古墓室壁
画制作技艺

第一节　概　述

　　内蒙古自治区地处中国正北方，地域辽阔，民族聚居的地域环境使它既是草原文化的主要生成地，也是中华文明的发祥地之一。因其独特的地缘位置处于长城内外，是中原农耕文明与草原游牧文明相互碰撞融合的重要交会地带。故而千百年来，这片肥沃的土壤曾孕育了许多对中华民族形成与发展起过重要作用的中国北方游牧民族。这些民族在发展中，产生了我国多样性的民族文化，为多样统一的中华文明注入了新的活力。与此同时，世代繁衍的北方草原游牧民族也留下了极为丰厚的历史文化遗产，随着考古调研工作的开展与研究的日趋深入，大批古代墓葬被发现与发掘出土，其中也不乏一些不同时代的珍贵壁画墓，出土的壁画内容丰富，具有极高的艺术价值、文化价值以及科学研究价值。

　　内蒙古地区出土的墓室壁画主要包括汉、辽、元三个时期，东汉时期的墓室壁画主要集中在内蒙古中南部和林格尔与鄂尔多斯地区，数量虽有限，但极具研究价值。辽代的墓室壁画多发现于内蒙古东部的赤峰与通辽地区，其中既有大型的皇家墓葬群，也有中小型的贵族墓葬群；按照墓葬时代划分，有早期、中期及晚期三个阶段，而且形式构成与内容题材颇为精彩，有表现墓主人生前荣耀生活的场景，也有表现死后生活的幻想画面。元代墓室壁画发现较少，主要是在内蒙古中东部的赤峰地区和乌兰察布的凉城县境内，多是一些中小型的贵族墓葬，目前已发掘的墓室壁画有 50 余座。

内蒙古墓室壁画的生命源于内蒙古历史文明并得益于草原文化的延绵给养，它的发展构成与草原文化一脉相承，深受所处时代的社会结构环境改变以及本身存在形态的塑造。与农耕文明比较而言，草原文化具有较强的创造性与源源不断的生机与活力，在继承北方游牧民族文化传统的基础上，创造出了极富地域特色的墓室壁画题材、内容与形式。从时间的维度分析，内蒙古墓室壁画的发展历史轨迹具有鲜明的时代气息与特有的文化风采，反映出其发展历程与草原文明的形成具有同步性，同时也显现出其与时代精神的协调性与历史积淀性。它以典型的草原游牧文化风貌、深厚的民族文化积淀、显著的历史时代印记、多元的创作主体、鲜明的地域色彩，在我国墓室壁画研究与探索中展现了特有的地域文化魅力。

一、东汉时期壁画

内蒙古地区出土东汉时期的壁画主要涵盖了和林格尔与鄂尔多斯地区的墓室壁画。如和林格尔县新店子乡小板申村壁画墓出土的墓室壁画较为知名，是目前已发现的规模最大的东汉墓室壁画，该墓墓室早年曾严重被盗，有些地方已损毁，墓室内大部分珍贵的陪葬品被盗走，留下来的都是一些珍贵的墓室壁画。（图2-1）其墓室为穹窿顶砖砌的多室墓，在墓室前、中、后室与耳室满饰壁画。壁画的主体内容涉及文化、政治、经济等诸多领域，以及当时北方游牧民族与汉族之间的民族交流与互动，形象生动地反映出东汉时期北方民族地区的管辖治理以及当时的社会风俗

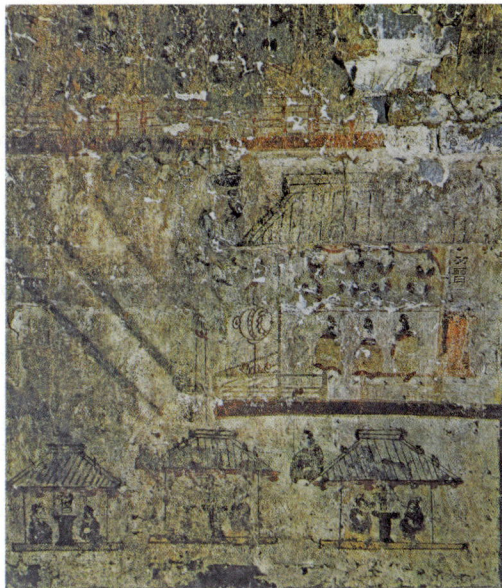

图 2-1　和林格尔汉墓壁
画——幕府图①

① 徐光冀主编：《中国
出土壁画全集》，科学
出版社 2012 年版，第
24 页。

习惯，壁画当中既有表现墓主人仕途生活与生活场景的画面，也
有表现田园经济以及忠孝礼义廉耻等的历史故事与人物概况。和
林格尔汉墓壁画一方面充分地展现出我国自古以来就是一个统一
的多民族国家，另一方面是研究东汉时期北方地区社会生活、民
族关系、文化交流的重要资料。

　　再如鄂尔多斯地区独特的地理位置使得游牧民族文化和中原
文化相互碰撞、影响及融合，从而形成了独特的地域民族文化，
这种文化在该地区的鄂托克旗凤凰山汉墓壁画（图 2-2）、乌审

图 2-2　凤凰山汉墓壁
画——宴饮图②

② 徐光冀主编：《中国
出土壁画全集》，科学出
版社 2012 年版，第 2 页。

① 徐光冀主编：《中国出土壁画全集》，科学出版社 2012 年版，第 13 页。

图 2-3　嘎鲁图汉墓壁画——送行图①

旗嘎鲁图汉墓壁画（图 2-3）图像造型中有鲜明体现，并将当时社会经济生活、文化、宗教信仰等历史信息展现得淋漓尽致。从壁画遗存整体保存情况看，此处墓室壁画一般都分布在人烟稀少的牧区或者沙漠地区，人为破坏较少，湿气、空气、雨水等自然因素对壁画造成了破坏，例如画面漫毁、冻裂、塌毁、裂隙、伤害、龟裂、起甲及脱落等。所以，对其保护是迫在眉睫的。通过对内蒙古地区东汉墓室壁画的简要梳理，我们对和林格尔及鄂尔多斯地区墓室壁画的分布、保存情况都有了较为系统的了解与掌握，可以为接下来的汉代墓室壁画研究起到一定的支撑作用。

二、辽代墓室壁画

辽代民众早期过着信马由缰、四时捺钵的游牧生活，中后期虽向农耕定居逐步演变，但其生产力水平并不能够与中原汉民族同日而语。但其是一个民族内部融合且有广泛对外交流的政权，多元共存的包容思想使其始终能够保持一种动态开放、善于汲取的心态，进而为辽代对周边民族的文化互信、取长补短提供条件。在与异域文化的沟通、交流中借鉴对方优势，结合自身浓厚的地域文化与鲜明的民族特色逐步形成了璀璨的辽文化。

辽代墓室壁画作为历史的亲历者与见证者忠实地记录了这些点滴的印记。对于地处中国北方游牧草原的辽代来说，前朝历代并无成规模墓室壁画制作经验，也无成体系的墓室壁画生成基础，更无薪火相传的墓室壁画工艺传承，但其却在较为短暂的时间内经历了从无到有、从单一到丰富的过程。重要因素在于墓室壁画在继承本民族游牧文化的基础上能够兼收并蓄地吸取异域的墓室壁画技艺与文化，难能可贵之处在于其融合过程中，始终按照自身的观念与标准进行选择性的吸纳，形成独具一格的特征与风貌，值得我们细致品读。时光如溪，奔流不复，历史虽已离我们远去，但存留在墓室壁画上那些鲜活生动的历史瞬间却值得我们探究。

在辽代契丹族政治中心以及主要活动范围之内的内蒙古地区，有大批的辽代墓葬遗址被发现，其中有许多墓室壁画内容丰富、色彩艳丽，是研究辽代艺术、政治、经济、风俗的重要资料。其中以内蒙古自治区阿鲁科尔沁旗辽代墓室壁画（图2-4、图2-5）、奈曼旗辽代墓室壁画（图2-6）为代表，壁画绘制于

图2-4 汉武帝图

图2-5 西王母与仙女图[1]

图2-6 仪卫图[2]

[1] 徐光冀主编：《中国出土壁画全集》，科学出版社2012年版，第75、76页。

[2] 徐光冀主编：《中国出土壁画全集》，科学出版社2012年版，第94页。

墓室壁面，题材丰富，绚丽多彩。壁画采用多种绘画技法，集浑厚与细腻、素雅与浓艳、写实与夸张于一体，描绘生动，构图准确，多由民间艺人所画，具有浓厚的生活气息。画面描绘的多是日常生活中的宴饮、庖厨、备宴、散乐、出行、归来等，反映了辽代的民间艺术和社会生活。

三、元代墓室壁画

元朝是中国历史上第一个由北方草原民族蒙古族建立的南北统一的封建王朝。虽然其统治历史不足百年，但对中国社会生活、历史进程以及文化互动与交流等诸多方面产生了深远影响。在这特定时间内，北方游牧文化与中原农耕文明进行了一次全方位、更加深入的碰撞与融合，元朝也因此成为中国历史上一个文化多样开放、交流密集频繁的重要时代。由于受到蒙古族传统丧葬习俗的影响，内蒙古地区元代墓室壁画表现出一种继承与变化、交错与并存的发展轨迹。

元代壁画出土较为有限，大多出自小型贵族或官吏墓葬。代表性的有赤峰市元宝山区沙子山元代墓室壁画、凉城县崞县窑乡后德胜村元代墓室壁画等。（图2-7）元代墓室壁画从一个侧面

① 徐光冀主编：《中国出土壁画全集》，科学出版社2012年版，第226页。

图2-7 元代墓室壁画——奉酒图①

反映出一定的元代世俗绘画的特点，壁画的绘画技法基本以白描为主，焦墨勾勒、平涂着色、设色简淡，画面中的人物神态与服饰细节都被着重刻画，形神兼备，尤其在服饰线条的表现上，遒劲有力、潇洒自如。在画面内容的安排与壁画情节的处理上，壁画内容以描写墓主人生前的生活为主，山水自然、出行归来、出猎放牧、宴饮庖厨、夫妻对坐，都是当时墓室壁画的基本题材，祥云瑞鹤图像更多地表现出当时人们对死后世界安宁祥和的憧憬。壁画布局形式开始固定，人物绘画开始具有写实性，壁画内容兼收并蓄，具有强烈的叙事性与连贯性。目前有一大批专业研究人员在致力于临摹技术的研究，对内蒙古地区元代墓室壁画保存起到了积极的推动作用。临摹中尽可能保持壁画原状，保留壁画所承载的各种历史信息，为后人研究留有余地。

第二节　形式与构成

形式与构成是墓室壁画创作不可回避的问题，两者独立存在却又紧密相连。在内蒙古墓室壁画的描绘过程中，在把握创作理念与主体的基础上，要充分考量、思考创作动机与意图，将存在于描绘者头脑中先于形式存在的构成转化为外在的可展现的形式。随着创作的深入，找寻适合的构成方式，逐步用形式的完善来传达主题内容的内涵。可见，墓室壁画的形式与构成作为辩证统一体，需要通过读者对其认识、解读、体验，才能感受到作品所体现的内在意蕴。

一、线条形式与构成

线条是墓室壁画艺术的主体语言，不但具有描绘造型之功用，而且能直观地表达绘者的思想与意识。通过直线、曲线、斜线等不同的形态与构成，所描绘出的视觉情境也有很大差异。

　　贯穿东汉到元代的内蒙古墓室壁画，均是将壁画线作为最主要、形象的表达部分，很多墓室壁画当中描绘的人物所穿的服饰以及一些日常用品都采用了直线的表达方式。如内蒙古阿鲁科尔沁旗辽代墓室壁画中的《门吏图》中的女仆与侍从（图2-8）服饰的硬朗线条多用直线描绘，而衣褶处理多用折线；衣袖线条相对圆润，有丝织物的质感。描绘下垂的袍子时则线条曲折有力，表现了下垂衣料的自然力度，用线错综使画面呈现立体感、体积感。曲线多用以表现生活器物与用具，如《五鼓图》使用了粗细、长短、虚实等曲线，具有极强的表现力。

　　此外，在《茶道图》中男童毛发多用曲线描绘，用笔缓慢而轻柔，将孩童毛茸茸的发质表现得淋漓尽致；侍从胡须则用短线轻轻扫过，将成年人的轻柔胡须展现得轻巧惟妙。《烹饪图》中侍者手持木棍于锅中翻动使其受热均匀，其中棍的线条略微粗犷，

① 徐光冀主编：《中国出土壁画全集》，科学出版社2012年版，第78页。

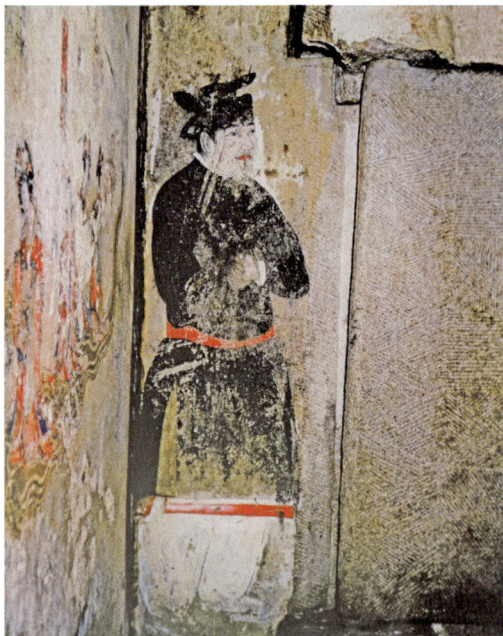

图2-8　男侍图①

故而搅动力度跃然纸上。此外，和林格尔汉墓壁画中相关的门吏、武士刻画细腻、笔触圆润，尤其神韵刻画威严肃穆。有些紧闭双目，有些面露喜色，似乎在陶醉在节日欢庆的气氛中，使人仿佛身临其境。而鄂尔多斯汉代墓室壁画选取了遒劲简洁的线条，勾勒生动且流畅，使壁画图像融入了丰富、生动的内在节律，并注入了丰富的艺术想象力和浪漫色彩。

概括而言，内蒙古墓室壁画呈现出两方面特点：其一，突出主体。壁画将主要表现的内容以线条形式完整传神，又特意将次要背景进行弱化处理。不论单独呈现还是统一表述，都客观、真实地反映了当时的生活。其二，简练传神。由于使用白描进行细致勾勒，并避免了过多的修饰性描绘。作者将主要精力集中于人物的传神描绘，能够起到画龙点睛的作用；以"形"传"神"，从而达到形神兼备的艺术效果。与此同时，借鉴中原内地的混合描绘表现技法，推动了内蒙古墓室壁画的发展，使其造型具有直观性、再现性、瞬间性体现。

二、图案形式与构成

图案作为墓室壁画的术语，《辞海》解释为："艺术创作者为了表现作品的主题思想和美感效果，在一定的空间，安排和处理人、物的关系和位置，把个别或局部的形象组成艺术的整体。"内蒙古墓室壁画的图案美感效果与主题思想巧妙地整合，并在恰当的空间范围内处理好物体与场景的关系，进而起到创造意境，表达情感的作用。内蒙古墓室壁画的图案延续了中国传统墓室壁画中的散点透视方法，能够和谐地将各种形式要素都统一安排在一幅画面中。

就其整体而言，描绘者通常将不同情景联系起来，呈现出墓室主人在不同时间地点所做事情的场景切换，整体画面布满整个墓室，仿佛将观者置身于历史长卷中。可见，墓室壁画作为古代墓葬文化中不可或缺的艺术表现形式，其独特之处更是与墓室空间、建筑进行紧密融合的艺术综合体。而且，墓室壁画的创作目的往往超越了单纯的审美追求，而承载一定的祭祀、宗教、思想及情感的象征意义。例如墓室主人整体比例较仆人与侍从较大，借此表明了墓主人身份高贵，墓主人坐姿端正、身体笔直，而侍从弯腰恭敬，这也是地位等级的体现。

具体而言，在辽代墓室壁画中的《备饮图》与《宴饮图》等的形式与构图中，重要的是人物在画面中的布局，井然有序，人物排列均匀且不散落。侍从安静站立，欢乐的乐手使得画面静中有动、活灵活现，并充满节奏感；旗和鼓的排列、掌伞人、武士、乐队的队形都是排列整齐，毫无杂乱感。与此同时，墓主人安静地等待侍从忙碌备饮，而孩童在忙碌之余偷懒打盹。（图2-9）而不同阶层的人物服饰的反差也很大，墓主人着黑色服饰代表尊贵，这与其他侍从、鼓乐手的服饰对比强烈，是一种阶级等级的表现。画面中构图形式表现得有静有动、有急有松、张弛有度。不同的人、不同的物组合在一起，呈现的是一幅生动、和谐、统

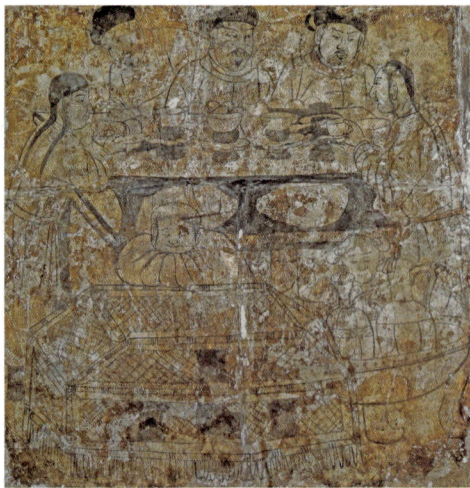

① 徐光冀主编：《中国出土壁画全集》，科学出版社2012年版，第154页。

图2-9　备祭图①

一的画面。而鄂尔多斯地区汉代墓室壁画整体的创作较多采用中下部用以反映人间世俗的生活景色，壁画的上端和顶部则体现了仙界、佛境的精神国度，自然淳朴与神秘幻化相得益彰。

如内蒙古墓室壁画中的"鹰隼"形象，以其行云流水般的线条和生动逼真的姿态，不仅展现了绘者的卓越技艺，还体现了对构图与平衡关系的处理。看似并无严谨组织结构，实则运用非规律性构成形式，在不同位置采用适宜纹饰来处理虚实关系，将构成体现得恰到好处。此外，尤其着重"控鹰"巡猎为主题叙事情节的抒发与刻画，纹饰虽没有直接出现"鹰隼"捕猎场景，但通过巧妙的构图方式别具匠心地烘托出相关活动之宏伟气势。与此同时，注重"鹰隼"神情的精雕细琢，如敏锐地捕捉并展现其嘴短如钩、脚爪锋利及孤傲目光等形态特征。形成一种既有强烈生活气息，又有浓厚民族特色的和谐整体，也将纹饰表现出应有内涵并赋予其新的意境。

综上，内蒙古墓室壁画的图案形式与构成有其内在的规律和原则。主要方式如下：其一，当墓室壁画面积较小时采用独幅式构图方式。其二，当面积适中且内容具有连续性时，将壁面联合成连续的画面，形成完整的图像。其三，当内容较多的满屏式构图时，通常进行多个壁面的物象创作，营造恢宏的气势和宏大的场面。

三、色彩形式与构成

对于地处内蒙古草原深处的北方民族来说，色彩并不仅仅是一个国家、一个民族或者一个部落的偏好和喜爱，也是深层次的情感表达与寄托。（图 2-10、图 2-11）

正是内蒙古墓室壁画色彩体系逐步发展和成熟，才使得朴素简淡的色彩形式与构成展现出契合自身的特性和文化的内涵。故而在一幅墓室壁画中并不是色彩越多，表现力就越强，有时

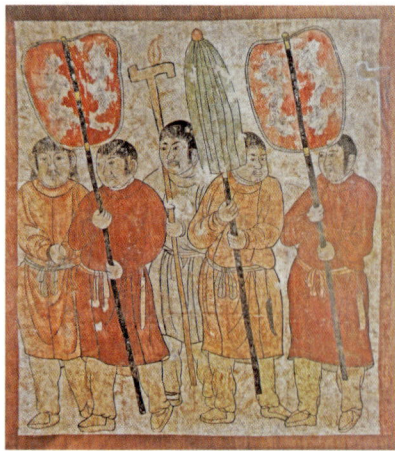

图 2-10　仪仗车舆图

图 2-11　侍从图

无须丰富多彩的颜色，只需几种单一的纯色就能在画面中起到画龙点睛的作用。如赤峰敖汉旗辽代墓室部分壁画主要以红、黑、白三色为主，颜色简练且不杂乱；另一部分色彩较为丰富，颜色包含红、白、黑、蓝、黄、绿、褐等色常见契丹的服饰。画面颜色的浓淡处理得当合理，色彩形式比较推崇调和，将和谐奉为至尊无上的原理，是墓室壁画创作成熟的追求。这种审美特征在北方游牧民族的图案造型上均有所反映。如鼓乐大部分以红色渲染，红色是一种热烈兴奋的色彩，用红色表现乐队演奏时的热闹氛围是再恰当不过的了。黑色主要表现在蹼头和墓主人的服饰，辽史有载："……貂以紫黑色为贵，青次之……"可见契丹人对黑色情有独钟。在社会文化、意识形态影响下的审美意识形成整个北方游牧民族社会审美总趋势时，人们的美感和形式美法则的导向自然倾向于符合这种审美主流。鄂尔多斯地区汉代墓室壁画的着色，都是在线条勾勒轮廓的基础上，进行平涂、渲染，构成了汉代墓室壁画独特的艺术风格。通过多元、丰富的色彩对比与碰撞，使色彩的明暗、动静、刚柔相融，生动自然、巧妙和谐，突显出了汉代墓室壁画色彩的特色：淳朴中透露着明亮的色彩、奔放又不失浪漫的气息,在不同的墓室壁画中得到了不同形式的展现。

色彩运用对于内蒙古墓室壁画影响极为关键,不仅为壁画图像的造型润色,同时也弥补了线条在视觉上的审美缺憾,使壁画更加具有艺术感。由于草原民族所处特殊的地理环境,他们热爱蓝天白云与草地湖水等草原自然风光,所以白色象征纯洁、黄色代表富贵、蓝色象征永恒的安宁、红色象征生活快乐和美满、绿色代表长青。内蒙古墓室壁画通过色彩体现了北方游牧民族在特殊的地理环境下所形成的独特的审美特征。

归根结底,形式与构成是内蒙古墓室壁画创作中不可或缺的主题,最经典的墓室壁画作品往往是形式与构成结合的产物。越是完美的艺术作品,在形式上越是真实和深刻,构成上也是根据描绘者与统治者主观意识对内容的要求有意设计的。

第三节　内容题材

内蒙古墓室壁画创作所表现的内容题材,与当时所处的社会环境和历史发展密切相关,但其并不仅仅是将人物形象造型趋于简单客观地描摹与再现,进而避免了画面情感空洞与意味平淡。这就要求描摹者在创作初期就要有意识地对创作素材和艺术构思进行整合加工,同时融入主观创造因素,对内容与题材进行深入探索研究。本章就是以内容的角度切入,客观分析内蒙古墓室壁画的相关题材,并在此基础上对内蒙古墓室壁画的主题内容进行脉络梳理,从而深入研究内蒙古墓室壁画主题内容的创作意义,体现内容与形式对立统一的辩证关系。

一、东汉墓室壁画

内蒙古地区汉代墓室壁画题材内容构成较为多元,且空间和图像表现具有独特性，展现了当时和林格尔与鄂尔多斯地区的社会形态、经济文化特色。汉墓壁画的题材内容概括起来可分成庭院宴饮、家居生活、历史人物等诸多类型。

其一，庭院宴饮题材主要包括《庭院、宴饮、百戏图》（图2-12），于1992年在内蒙古鄂托克旗凤凰山1号墓出土，位于墓室东壁南段。单进庭院，庑殿顶正房内，两位头戴冠帽、着红袍的男子坐于案后交谈，旁跪有一位侍女身着红衣裙，头戴宽檐黑帽，帽侧插翎，两鬓长发下垂。东侧廊内有两人抚琴、舞蹈，西侧廊内也跪有一位侍女。院内左侧有鼎、敦、叠案，屋宇台阶下有一案，上摆放有物品。院中有七人在作抚琴、击鼓、杂耍等表演，并有耳杯等散布其间。位于墓室东壁南段上层。正房内，两位头戴冠帽，着红袍的男子坐于案后作交谈状，旁跪一侍女着红裙，头戴宽檐黑帽，帽侧插翎，两鬓长发下垂。侍女前摆放着耳杯。右侧有一着黄袍的男侍在抚琴，另一着黑袍的男侍在舞蹈。

其二，家居生活题材主要包括《拜谒、百戏图》（图2-13），于1972年在内蒙古和林格尔县新店子乡小板申村东汉壁画墓出土，壁画原址保存完好。其中有坞、厩棚、栏圈，畜养着马、牛、羊、猪等。山前山后有农人扶犁耕地。而《乐舞百戏图》中置建鼓，

① 徐光冀主编：《中国出土壁画全集》，科学出版社2012年版，第2页。

图2-12　庭院、宴饮、百戏图①

图 2-13　拜谒、百戏图 [1]

图 2-14　举孝廉、郎、西河长史出行图 [2]

① 徐光冀主编:《中国出土壁画全集》,科学出版社 2012 年版,第31 页。
② 陈永志、黑田彰主编:《和林格尔汉墓壁画孝子传图辑录》,文物出版社 2009 年版,第71 页。

两边各有一身着红衣的人执桴播鼓,周围还有乐工伴奏和叠案百戏表演。其三,历史人物题材包括《举孝廉、郎、西河长史出行图》系列(图 2-14),同样位于内蒙古和林格尔县新店子乡小板申村东汉壁画墓,位于前室西壁甬道门上方北段。车马出行图,上方有一辆三马驾车,旁有骑者,周围还有单马驾车。下方一黑色轺车,后题"举孝廉时"榜题,位于前室西壁甬道门上方南段。车马出行,上层有行围打猎的场景。下层乘轺车的是墓主人,后随大车、从骑,主车后上方榜题"西河长史"。

此外还有《幕府图》系列,位于墓门甬道北壁。高大的门楼,中间有墨书题记"莫府门",门两旁站有门吏和门亭长,位于前室东壁。红色的门扇上部画有青龙、白虎,下部画铺首和门环;门两旁竖红色建鼓,右侧建鼓旁站一侍吏,黑衣武士执戟守卫,下方有题记为"中贼曹""左贼曹""右贼曹"等三所曹府舍。屋内均有两人对坐,屋舍外还有树木,树上栖息几只鸟雀。

二、辽代墓室壁画

辽代幅员辽阔，已发现有墓室壁画的辽代墓葬众多，其中涉及辽代墓室壁画近40座。如将其细致分类，可分为出行自然风光、宴饮欢庆、迁徙狩猎等题材墓室壁画。

其一，自然风光题材的代表作是内蒙古巴林右旗的辽代庆陵墓室壁画，其中描绘了四时捺钵的风光图，分别绘于墓室的东北、西北、西南及东南方向。（图2-15、图2-16、图2-17、图2-18）春天的景象为宽阔的河水中鹅鸭成群，相互嬉戏追逐；远山近水，桃花盛开。夏天的场景为山地中的茂密森林，牡丹花开；有两三成群结队的野鹿，相互跳跃玩耍。秋天的景色为平静的湖面，远方映衬着蓝天白云；以较为写实的手法点缀着树木、野猪、大雁等辽代常见的动物；景色错落有致，富有生机。冬天的景象为树木都已凋零，河流遭受冰封；霜露立于小山丘上，白雪皑皑，松柏常青。这些壁画为我们生动、客观地展示了辽代帝王四时捺钵所在地域的景色。

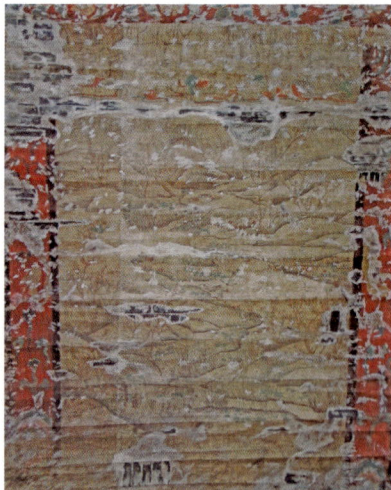

图2-15　春图（摹本）

图2-16　夏图（摹本）

图 2-17　秋图（摹本）

图 2-18　冬图（摹本）

其二，宴饮欢庆题材包括内蒙古阿鲁科尔沁旗冬沙布日台乡宝山 1 号辽墓北室绘有《厅堂图》（图 2-19），内容为辽代的日常陈设场景，画面主要表现厅堂的布置，有一黑腿几案，上有盘、碗、筷；椅后有一张弓和三支羽箭，几案和椅的转角处贴金箔。画面左上方羊角挂钩挂有弓箭、弓囊和剑。此图可见辽代象征游牧生活形态的射猎工具与日常定居所需盛食器具和谐共存的画面。

图 2-19　厅堂图

内蒙古赤峰巴林右旗地区索布日嘎苏木辽庆陵陪葬墓耶律弘辽墓壁东耳室甬道绘有一髡发契丹男仆的《侍从图》；侍从身穿淡黄色圆领窄袖长袍，双手端着一圆盘内放一刻花大碗，碗内盛有食物，从画面对刻花碗的描绘可见是一件精细佳作。这两幅辽代中期的墓室壁画所展现出的瓷碗造型舒畅、装饰考究，同时为我们客观、真实、生动地展现了辽瓷餐碗作为盛放食物的主体作用。

其三，迁徙狩猎包括内蒙古奈林稿乡苏木前勿力布格村辽墓绘有《侍从牵驼图》（图2-20）。驱赶骆驼的契丹人穿蓝色圆领袍子，右手牵骆驼，左手持杖。脚穿高跟尖靴，骆驼身上承载着毡帐与包裹并有一小猴双臂紧抱驼峰。这一形象生动地展现出契丹人迁徙、旅行过程中有携带猴子的习惯。

尤为着重之处在于学者对辽代游牧民族外出携带猴子的原因做了以下几方面的探讨：其一，侍奉、看护之用。猴子具备一定的防卫能力，若商旅在草原往返途中遇到危险时可发出警报或者一定程度上保护商人及货物的安全。其二，猴子体型娇小，对食物的需求较少，甚至可以在旅途中自行解决温饱问题。对于长途跋涉的驼队来说，既要携带足够的生活用品，又要尽可能地减轻驼队的重量；而猴子身体灵活，体重轻巧的同时可以较平稳地搭

图2-20 侍从牵驼图

在骆驼背上且不会给整个团队增加负担。其三，猴子是祥瑞的象
征，民间有猴弼马温之说，故而有辟邪除恶之意。辽代制瓷工匠
开创性地将猴子形象移植到皮囊壶上以作装饰之用，可见猴子攀
附驼峰的形象并非偶然，这种带有双孔装饰的皮囊壶可能是模仿
驼峰而创作。

三、元代墓室壁画

元代时期，民族交往融合密切，不同民族间求同存异，取长
补短，促进了文化艺术的繁荣。

内蒙古地区的元代墓室壁画主要承接辽代遗风，这些涉及蒙
古贵族及其他少数民族的壁画墓在内蒙古赤峰地区与乌兰察布凉
城地区。如《夫妇并坐图》（图 2-21）于 1982 年内蒙古赤峰市
元宝山区沙子山 1 号墓出土，现存于赤峰市博物馆，位于墓室北壁。
夫妇并坐，两侧是挽起的帐幕。男主人头戴白色后檐帽，着蓝色
右衽窄袖长袍，腰系围肚，足着络缝靴，端坐椅上，右手靠着椅子，
左手扶膝，身后站立着一男仆，着红色右衽窄袖长袍，双手捧匜
（马盂）。女主人梳高髻，插簪，耳垂翠环，着棕色窄袖左衽长
袍，外罩深蓝色开襟短衫，坐于绣墩之上。二人脚下均踏足承，
身后站立一女仆，梳双垂髻，着窄袖袍，外罩半臂，双手捧一奁

图 2-21　夫妇并坐图 [①]

① 徐光冀主编：《中国
出土壁画全集》，科学
出版社 2012 年版，第
225 页。

盒。再如《进酒图》（图 2-22）于 1965 年内蒙古赤峰市三眼井元代 2 号壁画墓出土，原址保存。画面表现的是墓主人饮酒的场景。正中一人头戴钹笠冠，着右衽窄袖长袍，右手接盏；左侧侍女，梳双髻，身穿长袍，双手端一酒盏向主人进饮；右侧男侍，头戴笠帽，着右衽窄袖长袍，右手擎着一只鹰。席桌上有食碟、马盂、酒尊（内置长勺）、小盏等。相较前朝，元代墓室壁画更突出墓主形象，省略场景，增加金银钱帛斗库和饲养六畜的画面。同时又描绘了骑射狩猎等塞外风俗和宗教信仰，部分山水风景画面蕴含天人合一和得道升仙的思想信仰，这显然在功能和意义上部分沿袭了古老的文化观念。

综观内蒙古墓室壁画的发展和变化，可以看出其由早期到晚期，从题材到内容，总的趋势是由简到繁，由单纯趋向复杂。早期壁画多绘于墓室内，壁画题材以鞍马、仆役、侍卫为主的人物故事和建筑装饰彩画。中期壁画内容题材以写实居多，有山水风光图、人物肖像、奴仆侍卫、牵马图以及建筑装饰彩画等。晚期壁画人物数量众多，在壁画的人物中不仅出现了墓主人的形象，还出现了表现契丹贵族饮食起居的风俗画和表现墓主人生活和游猎习俗，题材广泛，内容丰富。

① 徐光冀主编：《中国出土壁画全集》，科学出版社 2012 年版，第 230 页。

图 2-22　进酒图①

第四节　工艺技法

　　内蒙古墓室壁画制作从支撑设计到制作，从颜料加工到应用，从绘制技术到壁画制作完成，每一个步骤都是艺术与技术的结合。由此，"壁画既是一件艺术品，也可看作是一件技术应用的作品。"从某种意义上讲，内蒙古墓室壁画的工艺与技法是一部内蒙古地区古代科学技术图像史。可见从技术角度分析，内蒙古墓室壁画色彩不仅受审美观念、色彩观念、社会尚色等主观因素影响，而且还受当时技术水平的制约。从内蒙古墓室壁画制作流程看，描绘者对工艺与技法的应用是墓室壁画至关重要的环节，是当时描绘者必须攻克和掌握的核心技术，这些都是极富技术含量的技艺，同时也是墓室壁画表达效果的技术支撑。正是因为这些技术的支撑，使得内蒙古墓室壁画色彩才能持久保存并色彩鲜艳。故本节从墓室壁画支撑、颜料研制、施彩程序及着色技法等方面进行细致探究。这些珍贵文化遗存体现出北方游牧民族的智慧，为今后内蒙古地区墓室壁画保护与修复、临摹与复原提供参考与支持。（图2-23）

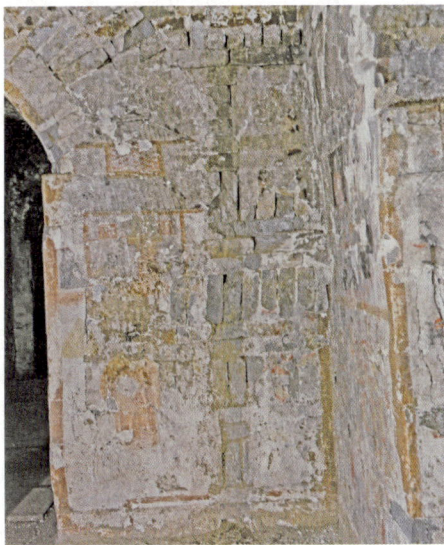

图2-23　护乌桓校尉幕府谷仓[1]

[1] 陈永志、黑田彰主编：《和林格尔汉墓壁画孝子传图辑录》，文物出版社2009年版，第54页。

一、地仗与支撑

支撑体和地仗层既是内蒙古墓室壁画最主体的构成部分与附着基础，也是描绘者使用颜料进行墓室绘制的前提条件。支撑是地仗的载体，而颜料依附地仗，可见三者关系紧密且不可分割。地仗层混合体调配的比例，都直接影响到后来色彩呈现效果及保持的长久性。对于泥、水、麦秸、麻筋等不同物理性质的材料进行混合，讲究科学配比掺和植物纤维的泥层可增强地仗层的附着力与坚固性。故而地仗和支撑的选择与甄别直接影响内蒙古墓室壁画的呈现效果。

受不同地区壁室环境和自然条件限制，地仗层使用的材料和制作工艺有所差异，其厚度和强度也不一样。此方法是内蒙古地区墓室壁画描绘者经过多次尝试、反复实验，摸索出的一套完整的制作方法。第一种情况是在制好的石壁、砖壁、土墙等支撑上做一层较为厚重的地仗。在此基础上涂层白灰，后由描绘者勾线施彩，这是较为常见的制作程序，也是辽阔的内蒙古草原上最为普遍的墓室壁画工艺；第二种是直接在砖壁或土坯、土墙上抹层白灰进行描绘。通常涂抹厚度较为有限，由此进行勾线施彩会导致蘸色画笔运行不畅且色彩附着力较差，进而影响画面的最终呈现效果。此类壁画制作方式不易长久保存，存留至今的屈指可数；第三种是直接在粗糙的支撑表面进行勾线着色。当墓室进水后极易坍塌，长时间壁面色彩会出现酥碱化，此类方式多用于中低级官吏与平民墓室壁画中。产生这类现象原因是在石灰墙并未完全干透的前提下形成碳酸钙，导致地仗分层收缩并互相分离，以致出现多层地仗空鼓分离的现象，时间久后就容易酥碱、脱落。

总体而言，内蒙古墓室壁画使用最多的绘制在砖室墓。此类方法是在挖好墓道坑室后采用当地所产青砖砌筑。在此基础上，于墙体表面制作地仗并涂抹白灰层作画，不同地区壁画地仗层的制作材料和工艺略有差异。

二、研制与调配

　　材料和颜色的研制与调配，可以说是整个内蒙古传统墓室壁画色彩研究的核心技术，从自然界中的天然矿石以及植物色素中成功提取的绘画颜料，也体现了古代科技人员颜料制备技术的水平。

　　内蒙古地区墓室壁画所用的颜料源于对色彩的崇尚，在大自然界中选取相应的矿石及土料敲打粉碎磨成颗粒和粉状的颜色，所用矿物原料大多为天然晶石矿体，需经历万年方可演化而成，尤其研磨而成的矿物色料，发色稳定，色相明快，光泽鲜艳，覆盖力极强，不易褪色，颜色厚重。将其有意识地涂抹泼洒于墓室，壁画内部记录生活场景或者表达情感。目前已知的内蒙古墓室壁画使用最为广泛的是矿物颜料，其具有保持长久不褪色的特点，由此使得超越 1000 多年的墓室壁画色彩，仍然能够保持光鲜与亮丽。如内蒙古赤峰辽代墓室壁画入画所用的赭石，原石原产于山西雁门一带的赤铁矿中。由此可以推算得知，在内蒙古地区的工匠画师以及描绘者们都已经能够掌握一套完整、系统的颜料研制方法，并且已经掌握相关技术。本节内容聚焦于颜料的研制，调配方法等方面的探索，重点剖析矿物颜料性能特点及发色原理，对内蒙古墓室壁画的保护与临摹修复有一定的参考价值。

　　与此同时，在内蒙古自治区赤峰境内的辽代墓室当中，考古出土了当时残留的绘画、存放颜料的陶罐以及相关器物，这类陶碗既可作油灯碗，又可作调颜色使用。一些陶碗内有土红、朱红、石绿等颜色痕迹。根据诸多学者的考证与推断可知，矿物颜料制作步骤复杂、程序繁多，对匠师的技术要求比较高。首先要寻找矿物颜料产地，经过专业鉴别、精心挑选，采集可作为颜料的矿石。

因为并非自然界所有有色矿石都可以作为颜料使用，需要对精选而来的矿物粉末通过分类粉碎去杂沉淀、研磨、分色等步骤后进行判别和鉴定，可以概括为"淘、澄、飞、跌"四个步骤。"淘"是指将矿石研碎，用水淘洗去杂质泥土；"澄"是说将淘后的颜料研细，进行澄清，较轻的淡色上浮，重浊的部分下沉；然后把上浮的部分撇到另一碗碟中，叫"飞"；留下下沉的中色和重色部分，再接着研磨，再跌宕，留下重色，叫"跌"。经过这四个步骤将矿物颜料分成多个等级。

内蒙古墓室壁画所用颜料颗粒的大小直接决定了颜色的深浅，当颗粒越小时颜色越浅，反之当颗粒越大时颜色越深，这是由矿物颜料颗粒发射原理所决定的，这与矿物颗粒折射率有关。在使用矿物原料着色时，第一遍涂色通常使用较细颗粒。第二遍涂色时使用颜料颗粒较粗，总体规律是由底层向表层使用，颜料颗粒越来越粗，这样发色较好。同时还要注意施彩的顺序与次序，如果不了解颜色和矿物质的特性，随意施彩，造成顺序错乱，较大概率会引起墓室壁画在短期内脱落或龟裂，使得所绘制色彩效果也与预期大相径庭。一般规律是由薄渐厚，才能保证壁画颜色持久不变。

三、施彩与着色

内蒙古墓室壁画的绘制有一套完整的系统程序，凡属其所用的一切章法、笔法等技巧均属"中国画"绘画技法范畴。描绘者首先要依照墓主人的意愿考虑并确定题材。然后进一步度量画面、经营位置、布局构思、预想成果；再在壁面勾勒描绘，安排人物画面场景次序，最后进行绘制。其绘制过程当中都有极为严格的施彩程序、绘制技术及相应的方法，从勾勒起稿到上色添彩都有章可循，秩序井然。

从其技法剖析以及绘画内容隐约可见，内蒙古墓室壁画的技术之源，明显受到中原内地相关方法的影响。从其施彩角度切入，位于内蒙古自治区赤峰敖汉旗南塔子乡城兴太村下湾子的1号辽墓壁画墓的《宴饮图》（图2-24）可以清晰感受到。第一步，在规定好范围的地仗层上，用中轴线的方式确定绘画单元，包括人物关系、位置大小、装饰纹样等方面。如壁画绘于墓室东壁，画面表现的是墓主人宴饮的场景，主人身后站立一名侍女，桌前站立一名侍女，身穿红色袍服，碗内放有执壶，恭候侍奉。第二步，用单色勾勒出人物、动物以及器物大概的轮廓与形态。如主人居中，头戴黑色软脚幞头，身着紫色圆领窄袖长袍，内衫白色中单，足蹬白色靴，袖手端坐于红色木椅上，椅上有蓝色主人靠背，脚踏木凳。主人前摆放着一高桌，红边蓝面，桌下围身穿有长短两层布帷，短帷打褶，长帷着地，并有从短帷里侧垂下的红色花带。桌上摆放着托盏、长盘和箸，盘内盛有食物。第三步，着色阶段是影响画面最终呈现效果重点之所在，所以其先后顺序叠加，色层遮蔽等都尤为关键。并在敷彩程序结束后，需要对主体人物的轮廓再次复勾。

与此同时，选取内蒙古墓室壁画中最具特色的勾勒与渲染技法进行分析，以内蒙古自治区赤峰地区巴林左旗福山地乡前进村

图2-24　宴饮图①

① 孙建华编著：《内蒙古辽代壁画》，文物出版社2009年版，第262页。

辽墓壁画《进奉图》（图2-25）为例，首先以单线勾勒为主，主要步骤为先勾画形体，次着色，最后再用墨或重色勾勒，造型简洁、生动，是以线条来勾画物象的表现技法，也是中国绝大部分墓室壁画中的一个独特的艺术形式。画面中六名执事，四名为汉人，头戴黑巾；两名为契丹人，髡发。六人手捧肉食、盘、碗、浣、茶壶、巾等，分两排站立，恭候主人用膳。前排左起第一人，头裹黑巾，蓝色左衽窄袖袍服，袍服上有团窠纹饰，腰扎布带，蓝色靴，双手端着盘，盘内放着肉食；第二人，契丹侍从，髡发，褐色左衽窄袖袍服，袍服上有团窠纹饰，腰扎革带，黑蓝色靴，双手捧着一扎口的袋子；第三人，头裹黑巾，红色左衽窄袖袍服，腰扎黑革带，黑蓝色靴，双手端着垫有抹布的茶壶。后排的第一人，头裹黑巾，红色左衽窄袖袍服，腰扎革带，带上佩戴短刀，黑色靴，双手端一托盘，盘内放着碗、匙等餐具；第二人，头裹黑巾，蓝色左衽窄袖袍服，腰扎布带，蓝色靴，双手托一白色布巾；第三人，契丹侍从，髡发，蓝色左衽窄袖袍服，腰扎革带，褐色靴，左手拿着抹布。整体以勾勒之法刻画众多张开双臂准备宴食的人物，线条勾勒粗涩有力，富有"金石味"，将"线"形遵从结构规律组合排列，强化线条的表现内涵和韵味；线条主要是以遒劲

图2-25 进奉图 [1]

① 徐光冀主编：《中国出土壁画全集》，科学出版社2012年版，第142页。

有力的铁线描为主,腕部运笔时有力,主要体现在衣服的皱褶处,更好地体现了这个民族洒脱、豪爽的特征。

在填色过程中,用水笔将色晕开,基本上不留笔触和色阶痕迹。某些人物面部五官等部位也施以简淡的晕染,以明确形体、颜色变化。如将人物面部作设色渲染,这种晕染法并不考虑明暗、光源及周围环境色的影响,只根据人物转折部位进行理念性上的晕染,明显具有程式化的表现手法。在晕染时需要控制画笔上的水与颜料比例,以及用笔的轻重,避免脸上肤色杂乱。刻画出各具情态的人物神情,或淡然木讷,或坚毅忘怀,或冥想沉郁。其余都以平涂为主,染料调色均匀而稠密,如黑色多表现墓主人的服饰、帽冠,侍从的帽冠,等等。可见,色彩节奏变化中,使得重色和淡彩遥相呼应,配色和谐,构成最具有视觉吸引力视觉元素。

附:墓室壁画欣赏

1. 和林格尔壁画《护乌桓校尉幕府谷仓》前室西壁

2. 和林格尔壁画《拜谒·百戏图》

3. 和林格尔壁画《厨炊》前室北耳室甬道东壁

4. 和林格尔壁画《碓舂、谷仓、顶部云纹》
前室北耳室北壁

5. 和林格尔壁画《繁阳
县仓》前室西壁

6. 繁阳县仓《桂树双阙》（局部）

7. 和林格尔壁画《建鼓》

8. 和林格尔壁画《牧马之一》前室
南耳室西壁

9. 和林格尔壁画《牧羊》前室北耳室
东壁

10. 和林格尔壁画《宁城图》（局部）

11. 和林格尔壁画《宁城图》
（局部）中室东壁

12. 和林格尔壁画《渭水桥》中室西壁

13. 和林格尔壁画《宴饮、厨炊》前室北耳室甬道西壁

14. 和林格尔壁画《宴饮、厨炊》前室北耳室甬道西壁

15. 辽墓壁画《待从牵马图》

16. 辽墓壁画《击鼓图》

第三章
内蒙古洞窟壁
画制作技艺

佛教艺术是中国美术史重要的组成部分，其中就包括石窟壁画这一艺术类型。阿尔寨石窟寺是内蒙古自治区境内发现的规模最大、内容最丰富的西夏至蒙元时期的石窟寺建筑群，也是中国长城以北草原地区硕果仅存的佛教石窟遗迹，想了解中国北方地区传统洞窟壁画制作技艺，阿尔寨石窟寺应当作为首选。

阿尔寨石窟寺位于内蒙古自治区鄂尔多斯市鄂托克旗棋盘井境内，历史上属于鄂尔多斯部落统辖范围。历史上鄂尔多斯部落是在成吉思汗时期创建的组织基础上形成的以职业关系为纽带组合在一起的社会群体，鄂尔多意为"宫殿"，鄂尔多的复数称之为鄂尔多斯。15 世纪中叶，鄂尔多斯部落进驻河套地区，这一地区被称为鄂尔多斯地区。鄂尔多斯地区位于黄河中段，阴山之南，被黄河三面环绕，是一个相对独立的地理单位，从旧石器时代就有人类活动，自古以来就是众多民族活动的地方。从地理环境看，大部分地区覆有风积沙层，还有一些固定半固定的草丛沙丘，植被覆盖率低，属于典型的沙漠草原和荒漠化荒漠群落及其过渡带。

从远处观望阿尔寨石窟，是一座孤零零的红砂岩石小山，伫立在茫茫大漠草原上，山体不大，但岩壁陡峭，险峻的峭壁上开凿着大大小小的石窟。这些石窟里保留有雕塑、大量壁画以及残留遗址，为我们展示了这座古老石窟的辉煌历史，也为我们研究

图 3-1　阿尔寨石窟全貌

北方游牧民族地区石窟建筑形制、艺术形式、历史文化及生活习俗等提供了实物资料。阿尔寨石窟寺自北魏中期开凿，西夏时期和元代时期最为繁盛，延续到明末清初，距今已有 1600 多年的历史，有"草原敦煌"的美誉，是中国长城以北草原地区时代跨度最悠久的佛教石窟遗迹。石窟内的壁画面积大、数量多、内容丰富、制作工艺成熟，从内容上看有佛经故事、佛传佛本生故事、帝王肖像、历史题材及民族风俗画等，我们可以感受到阿尔寨壁画的创作者高超的技艺，以及当时阿尔寨石窟香火旺盛，梵音缭绕的兴盛景象。（图 3-1）

第一节　阿尔寨石窟的发现与保护

20 世纪 60 年代开始有考古队组成的研究人员进入到阿尔寨进行实地的考察和研究，1978 年公布阿尔寨石窟为文物保护单位。之后，内蒙古考古所又一次来到阿尔寨石窟进行全面考察和研究，对于这次考察，工作人员做了认真的记录，在随后的学术讨论中研究人员发表了关于阿尔寨石窟研究的第一份正式的报告《百眼窑石窟》[①]。这份报告是在 20 世纪 80 年代初面世的，发表于《鄂

① 田广金：《百眼窑石窟》，《鄂尔多斯文物考古文集》，1981 年。

尔多斯文物考古文集》上，这份调查报告将阿尔寨这座尘封于西北草原多年的古老石窟映入世人眼帘。这份报告对石窟的建造年代作了说明和阐述。因为有这份报告，阿尔寨所包含的重要史学及文化价值开始得到关注。

1991 年 11 月 13 日，鄂托克旗人民政府批准阿尔寨石窟为旗级重点文物保护单位，由鄂托克旗文物保护管理所负责保护和管理。1993 年，内蒙古自治区文化厅文物处再一次对阿尔寨石窟进行了全面的考察研究，研究人员向国家有关部门提交了专门性的汇报材料，随后国家有关部门和当地政府部门采取了一系列相应的保护措施并针对阿尔寨石窟中多年来形成的裂隙、风化等进行了维修和保护。内蒙古文化厅文物处就这次考察正式在《中国文物报》上刊登了关于阿尔寨石窟考古的相关消息，后又陆续发表了多篇文章[①]。这些文章的发表将阿尔寨石窟寺的研究和保护工作推向了一个新的阶段，学术界对于阿尔寨石窟的关注日益增多。

这一阶段的主要收获是：

（1）完成了石窟的全面测绘图和重点窟的平面、剖面图，并对石窟裂隙、病虫害及气候、岩系等综合考察，并制定了维修抢救方案。

（2）当地文物部门向国家和自治区提交了详细材料，申请将阿尔寨石窟列为全国和自治区重点文物保护单位。

（3）对重点石窟加以保护，对全部洞窟安装防护装置、委托专人看护。

（4）对石窟时代和壁画综合研究，完成了编号、统计、时代划分、对比研究和重要图像的分析研究。[②] 在这一年，鄂托克旗人民政府批准阿尔寨石窟保护范围是以石窟为中心，东西 1000 米，南北 800 米，增强了阿尔寨石窟的保护力度。

1996 年 5 月 28 日，内蒙古自治区人民政府公布阿尔寨石窟

① 如：《百眼窑石窟的营建年代及壁画主要内容初论》《初论百眼窑石窟寺的重要意义》等文章。

② 王大方：《内蒙古阿尔寨（百眼窑）石窟研究又获新成果》，《内蒙古社会科学（汉文版）》1994 年 11 月，第 6 期。

为第三批内蒙古自治区重点文物保护单位。2000 年鄂托克旗人民政府公布阿尔寨石窟建筑控制地带为方圆 3 千米。2003 年 3 月 2 日国务院公布为第五批（增补）全国重点文物保护单位。2003 年 3 月阿尔寨石窟经国务院批准为国家重点文物保护单位。同年鄂托克旗人民政府把阿尔寨石窟保护范围调整为南北 1500 米，东西 1100 米。为了更好地保护阿尔寨石窟寺遗址，经鄂托克旗委、政府研究决定成立阿尔寨石窟研究院，2008 年 11 月 18 日正式成立了阿尔寨石窟研究院，设立了专人和专门机构，划定了保护范围，建立了档案，树立了保护标志。主要职能是对国家重点文物保护单位阿尔寨石窟进行保护、研究、开发及利用。随着阿尔寨石窟寺保护力度的增加，与它相关的研究也越来越多，包括历史年代、颜料工艺、图像分析、榜题考证等。

第二节　阿尔寨石窟的形制与壁画内容

阿尔寨石窟地处阿尔巴斯山中，是鄂尔多斯高原与黄河河套地带的交接处，所在区域属构造剥蚀低缓丘陵地貌，高度在 1490 米左右。这座孤立突起的红色砂岩山岗，整体呈桌形，顶部较为平坦，四周为陡峭岩壁，平面形制不规整，东西长约 200 米，南北宽约 70 ～ 90 米，靠西端向北延伸出一条长约 70 米的窄长山嘴。乌兰乌素河从阿尔寨的东南方向流过，属季节性河流，每年 7、8 月雨季时有河水流淌，其余季节多为干枯河流。

一、阿尔寨石窟的形制

石窟和佛塔开凿于这些险峻的峭壁上，大家形象地称其为"百眼窟"。据记载，该石窟寺原有石窟 108 座，在漫长的历史岁月里，由于风吹雨打自然风化侵蚀，岩石疏松，山崖坍塌，部分古窟已遭到破坏。现存石窟有 67 座，比较完整的有 43 座，浮雕 22 幅。[①] 山的顶部成一平地，有建筑遗迹残存，但其布局已辨别不清。在山坡与山脚下，也有绿琉璃瓦、砖、瓦当及瓷片等遗物，可能是从山顶或山壁石窟中塌落下来的。（图 3-2）

　　阿尔寨石窟建造形制多样，从构造规模来讲，分为大、中、小三种，均为方形。大型石窟有一座，编号为第 19 窟，位于面南的崖壁上，西部为僧房，东、北部山崖以凿刻的浮雕式佛塔为主。[②] 学者们推测这座大型石窟可能为阿尔寨石窟的主窟，但目前石窟内部已经坍塌，仅从门外可见的雕凿痕迹来推断，窟檐和门框可能为木建筑结构，其他石窟均分布于主窟两侧，门外有台阶，通山下，左右两方可以通往其他洞窟。非常遗憾的是该窟毁坏严重，窟内的壁画已完全脱落。中型石窟的窟室长宽一般约 4.5 米 ×4.5 米，高约 2.5 米，前壁正中凿拱形门，后壁正中雕出主佛龛，两侧布有上下两排佛龛，左右两侧壁也对称地雕凿有两排佛龛。中型石窟大多绘有壁画，绘画的时代为西夏、元、明，经历了不同历史时期的修缮或扩建。窟顶有部分壁画保留了下来，窟顶正中雕出 64 米 ×64 厘米莲花藻井，藻井周围分成 32 米 ×32 厘米

① 刘永梅：《阿尔寨石窟壁画遗存初探》，《艺术评论》2016 年 11 月，第 11 期。

② 杜青松：《内蒙古阿尔寨石窟地质环境及病害调查与保护》，《石窟寺研究》，2018 年。

图 3-2　阿尔寨石窟

的方格，方格内有坐佛画像及其他彩绘。在第 10 窟和第 28 窟中央，敲凿出方形窟柱，是北魏时期石窟的典型建筑特点。小型石窟长宽一般为 3 米 ×3 米，高 1.5 米，由洞口进深为 4.65 米，人工凿痕规整有序，壁面较为平整，佛龛窟壁抹泥刷白，绘有壁画，但大部已风化剥落。其中一座稍大者，四壁绘彩画佛像，周围隐约有藏、蒙两种文字，有的窟门外石壁上也雕有藏文。中型石窟中保留的壁画最多，也较完整。

从阿尔寨石窟的建筑形制分析，有不同历史时期建筑的特点，是从魏晋南北朝至西夏元明清的发展过程。

二、阿尔寨石窟寺壁画的题材与内容

阿尔寨石窟于北魏中期开凿，在明末林丹汗西征鄂尔多斯之战役中，寺庙被损毁，经历漫长曲折的变迁历程。值得庆幸的是，石窟里仍保留了数千幅壁画，这些壁画虽然残破不全，但仍难掩它灿烂辉煌的历史与艺术价值。（图 3-3、图 3-4）据统计，目前石窟留存壁画面积超过 2000 平方米，有佛像图、神像图、佛教本生故事图、供养人图、讲经图等，还有元代时期各族僧俗礼佛图、成吉思汗黄金家族崇拜图和蒙古人丧葬图等，[①] 包含了草原生活的各个方面，是草原各民族宗教信仰和历史发展的见证。阿尔寨石窟的开凿和壁画绘制年代及其沿革，可初步分为北魏时期、西夏时期、元朝时期和明朝时期四个阶段：北魏时期开凿的石窟以第 10 窟和第 28 窟为代表，建造形制为典型的中心塔柱形制，高大的方形中心塔柱位于室内，直通窟顶，四周有通道，这种结构是属于早期石窟的形制；西夏时期壁画出现藻井装饰及图案等特征；元朝时期壁画出现了萨迦派的图案和世俗人物祭祀、礼佛的场面，及用竹笔书写的回鹘文、梵文及藏文榜题，这一时期的壁画风格具有强烈的蒙古草原民族特色；明朝时期阿尔寨石

① 乌力吉著：《图像与阐释：美术理论文集》，辽宁美术出版社 2017 年版。

图 3-3　阿尔寨石窟壁画①

① 图片鄂尔多斯博物馆
提供。

图 3-4　阿尔寨石窟壁画②

② 图片鄂尔多斯博物馆
提供。

窟再度兴旺，所绘壁画画面宏大，富有装饰性，壁画中出现了格
鲁派祖师宗喀巴大师的形象。③ 其中，阿尔寨壁画中的回鹘蒙古
文榜题具有重要的研究价值，其年代比敦煌莫高窟中出现的回鹘
蒙古文榜题的时间还要早。

③ 康·格桑益希：《内
蒙古阿尔寨石窟八思巴
壁画探秘》，《西藏研
究》2005年5月，第2期。

　　阿尔寨石窟壁画大多以佛像为中心，两边是菩萨、天王或护
法神等。如第31窟中高约40厘米的菩萨像，为西夏时期，束高髻，
眉眼细长，另一尊菩萨赤足站立于圆台，这两尊像是阿尔寨石窟
中汉传佛教的艺术作品，很多论文都对该窟的菩萨像做了研究。
在第31窟南侧左壁还有一幅重要的壁画，称之为"成吉思汗镇
守蒙元汗室图"。这幅壁画中，成吉思汗以四大天王之一多闻天
王的形象出现，他右手拿宝伞，左手执宝鼠，上下左右被众夜叉
和罗刹所围，带有典型的藏传佛教佛画的传统。追溯其缘由，成

吉思汗晚年南征西夏时，曾在阿尔寨地区活动过，当他长逝之后，其子孙便将其御容描绘在佛教石窟寺院内的墙壁上，以此为祭奠祖先之礼。随着藏传佛教的盛行，升天后的大汗也就演变成了四大天王之一的多闻天王，也就是说，阿尔寨石窟是成吉思汗的佛教纪念堂。[①]（图3-5）成吉思汗灭西夏后，阿尔寨石窟即为蒙古人祀佛之地，又为祭祀成吉思汗之所，在山顶修建了规模宏大的藏传佛教寺庙，用于佛事和祭祀。阿尔寨石窟东南侧的第10窟被认为是成吉思汗养伤时的住所。在阿尔寨各石窟中，此窟夏秋季节最为阴凉，适宜居住。该石窟门口竖有代表成吉思汗战无不胜的威猛神勇的苏鲁锭神矛，门西侧壁上还有一座西夏风格的佛塔浮雕。第108窟建造形制是比较特殊的，别的窟均是依山势在侧面开凿，唯独这个窟边上，凿有两道竖壕，据说是为方便成吉思汗养伤时坐着射箭所凿的，前方一里以外据说有树立成吉思汗箭靶处，至今仍可寻到。[②]因为有此历史渊源，所以在阿尔寨石窟中，出现了大量的与成吉思汗有关的壁画内容和遗迹。

这些记录游牧民族生产、生活的世俗壁画，描绘了游牧民族生产、生活的风俗习惯，记载了他们礼佛崇拜的礼佛图，具有民族特色和地域风采。另外还有一些反映历史题材和世俗内容的作品，特别是反映与成吉思汗和元代历史有关的社会场景的写实性

① 张可扬、梁瑞:《蒙元壁画艺术与设计》，内蒙古大学出版社2014年版。

② 张可扬、梁瑞:《蒙元壁画艺术与设计》，内蒙古大学出版社2014年版。

③ 张可扬、梁瑞:《蒙元壁画艺术与设计》，内蒙古大学出版社2014年版。

图3-5　第31号窟壁画[③]

壁画，具有生动的历史现实性和浓郁的民族特色。除前面介绍的
"成吉思汗镇守蒙元汗室图"和"成吉思汗安葬图"，较为典型
还有"为成吉思汗灌顶受戒""讲经弘法图""佛道辩论图"等，
这些壁画以成吉思汗、忽必烈和八思巴等重要历史人物的事迹为
原型创作，生动真实地再现了当时的社会历史场景。

　　阿尔寨石窟佛教题材的壁画中还有一类非常引人注目的图
像，是布满各个洞窟的密宗男女双修壁画。这些密乘本尊、护法
神像皆以男女双修为特色，被描绘在墙壁上。如在第 28 号窟东、
西两面墙上，现存 13 幅完整的男女双修图，造型夸张、形象鲜
活、神态各异、绚丽多姿，体现出鲜明的藏传佛教壁画的特征，
也为阿尔寨石窟壁画增加了神秘的色彩。（图 3-6、图 3-7）第
28 号窟内，还有一幅称之为"成吉思汗安葬图"的壁画，它为梯
形结构，最上面两层绘有山川、河流、原野，并在突出位置绘有
两军对垒、激烈作战的场景，应是表现成吉思汗征西夏作战时的
场面。第三层左侧绘有若干匹白马，一匹褐红色马及若干骆驼，
表现成吉思汗在猎野马时，所乘"红沙马为野马所惊，成吉思汗
坠马跌伤"，右侧绘有两座白色蒙古包，尖顶高耸，其左侧有一

图 3-6　胜乐六十二众[1]

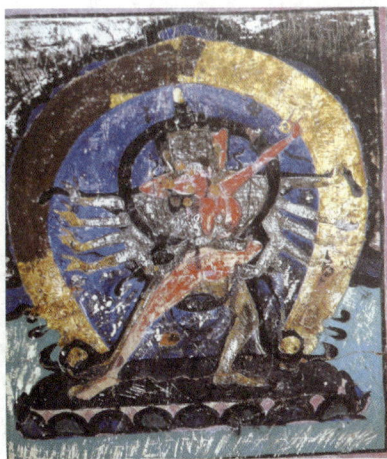

图 3-7　喜金刚[2]

① 张可扬、梁瑞：《蒙元壁画艺术与设计》，内蒙古大学出版社 2014 年版。
② 张可扬、梁瑞：《蒙元壁画艺术与设计》，内蒙古大学出版社 2014 年版。

间寺庙、一间宫殿、宫中绘一妇人，似在垂首痛哭，那是表现成吉思汗逝世后，随行的人也遂夫人悲痛不已的画面。在这些壁画中，可以看到象征佛教含义的山川及驮有宝物的白马，较为清晰地表现出佛教与游牧民族之间文化的融合与传承。

壁画中也有表现动物的画面，特别是各种形态的马以及马群。有的马在地面上活动，有的马在天空中腾云驾雾。还有一些表现蛇和鸟的画面，表现了动物的不同形态。山水常常作为壁画背景存在，分为上下两部分，上为天，下为地。在绘画手法上用粗犷的线条勾勒，后填充颜色，一般展现草原游牧民族生活的地域环境。（图3-8）

阿尔寨石窟是我国唯一以藏传佛教为主要内容的石窟，并结合历史事件与民俗文化内容，具有一定的纪实性。大量的回鹘蒙古文、八思巴蒙古文、藏文和梵文榜题，一般书写在佛像的上方或两侧，竖排写的是回鹘蒙古文，横排写的是藏文。（图3-9、图3-10）尤其是回鹘蒙古文榜题，据初步统计，约有100条，其内容也十分丰富，涉及佛经及世俗生活，是目前世界上发现回

① 图片鄂尔多斯博物馆提供。

图3-8 阿尔寨石窟壁画①

图 3-9　无量光佛 [①]

图 3-10　无量光佛 [②]

① 张可扬、梁瑞：《蒙元壁画艺术与设计》，内蒙古大学出版社 2014 年版。
② 张可扬、梁瑞：《蒙元壁画艺术与设计》，内蒙古大学出版社 2014 年版。

鹘蒙古文榜题最多的一处遗址，题也是研究中古时期蒙古语言文字的珍贵资料。阿尔寨石窟壁画中的人物、服饰和道具等，是蒙古民族游牧生活的缩影，具有浓郁的草原气息和民族特征。阿尔寨石窟壁画的艺术语言和表现形式，体现了蒙古民族特有的民族意识和审美情趣。

第三节　阿尔寨石窟制作工艺分析

一、颜色分析

我国古代壁画所用的颜料大多数采用天然矿物颜料，少数使用天然植物颜料和人造颜料。天然植物颜料和人工颜料皆易褪色，而天然矿物颜料耐久不容易变色。[③] 其中，天然矿物颜料有：可作为白色的高岭土、白垩（方解石）、石膏、滑石；可作为红色的朱砂、铁丹；可作为绿色的石青（孔雀石）、氯铜矿；可作为蓝色的石青、青金石（天然群青）；作为黑色的烟炱、铁黑（四氧化三铁）、碳黑。天然植物颜料有胭脂、藤黄、花青。人造颜料有铅白、铅丹等。

③ 赵国兴：《浅析壁画的颜料分类及日常养护——以阿尔寨石窟为例》，《鄂尔多斯文化》，2012 年 4 月，第 2 期。

阿尔寨石窟中的近千幅壁画，历史悠久，内容丰富，瑰丽多

① 夏寅、郭宏等：《内蒙古阿尔寨石窟壁画制作工艺和颜料的分析研究》，《文物保护与考古科学》2007 年 5 月，第 2 期。

彩，是该石窟最有价值的文化遗产。在《内蒙古阿尔寨石窟壁画制作工艺和颜料的分析研究》①中，对阿尔寨壁画的制作工艺和颜料成分，采用偏光显微镜分析、剖面分析，并结合 X 射线衍射分析对 6 个洞窟的 23 个样品进行了分析。为了进一步研究阿尔寨石窟壁画颜料，还通过偏光显微法对其他地区进行了对比研究。结果表明，其绘制方法是先用加有麦秸的黏土将洞窟壁面抹平，然后用普通石灰水在地仗层上涂刷而成，主要成分为碳酸钙，墙面被涂白后，再施以彩绘。

从用色方面来看，阿尔寨石窟壁画非常注意色彩的使用，特别是带有强烈蒙古族情感意识的红、黄、蓝、绿、白等色彩的大量运用，充分体现了民族风格和地域特色。（图 3-11）了解壁画颜料的种类和来源是壁画保护工作的前提，避免壁画保护的盲目性和保护的误区。阿尔寨石窟壁画使用的大部分为矿物质颜料，其中使用的红色颜料为朱砂和铅丹（画面有表面黑色二氧化铅应为铅丹变色产物，某些黑色层内还有未变色的橘红色铅丹）；蓝色颜料为石青；绿色颜料为氯铜矿；白色颜料是碳酸钙，② 这些都是壁画中常常用到的颜色。以下为这几种颜色的性质结构分析：③

蓝色颜料为蓝铜矿，俗名石青，深蓝色有玻璃光泽，是一种

② 夏寅、郭宏等：《内蒙古阿尔寨石窟壁画制作工艺和颜料的分析研究》，《文物保护与考古科学》，2007 年 5 月，第 2 期。

③ 赵国兴：《浅析壁画的颜料分类及日常养护——以阿尔寨石窟为例》，《鄂尔多斯文化》，2012 年 4 月，第 2 期。

④ 张可扬、梁瑞：《蒙元壁画艺术与设计》，内蒙古大学出版社 2014 年版。

图 3-11 十六罗汉④

碱性铜碳酸盐矿物，常与孔雀石一起产于铜矿床的氧化带中。蓝铜矿可作为铜矿石来提炼铜，也用作蓝颜料。结构为单斜晶系斜方柱晶类，单晶体呈厚扮装或短柱，成分较稳定，在常温下，不与周围的物质发生反应。战国楚墓中的青色树木，是现在已知最早的蓝铜矿应用，在秦始皇兵马俑彩绘、敦煌壁画等遗址中都发现了蓝铜矿石的使用。

白色颜料为方解石，古代称之为白垩，主要成分为碳酸钙，夹杂物有少量的硅酸铝、硅酸镁、磷酸钙、氧化铁等，难溶于水和醇。结构有无定形和结晶形两种形态，结晶形中又可分为斜方晶系及六方晶系，呈柱状或菱形。在空气中稳定，有轻微的吸潮能力。石灰岩层里不溶性碳酸钙和溶有二氧化碳的水作用能转化成碳酸氢钙，溶有碳酸氢钙的水也可析出碳酸钙。我国发现最早白垩的使用是距今 7000 年左右甘肃大地湾建筑基座中的一段残墙上的壁画，另外在敦煌石窟隋唐以后的壁画中也发现大量的白垩。

红色颜料为朱砂，又称丹砂、辰砂，主要成分为硫化汞，杂少量土雄黄、磷灰石等。无机颜料，结构为三方晶系，呈颗粒状或块片状。颜色呈鲜红色或暗红色，条痕红色至褐红色，经久不褪，具有光泽。朱砂在我国古代是常用的颜料，除在大地湾遗址中发现之外，秦始皇兵马俑和敦煌壁画中也都有发现。

黑色颜料为碳黑，也可能为石墨，碳黑和石墨均为碳单质，只是碳原子的排列不同。碳黑是我国最早用于着色的颜料之一。碳与周围四个碳原子以共价键能极大，且键长较短，能形成非常稳定的晶体结构。

有学者根据对绿色颜料氯铜矿的分析认为，氯铜矿可能为人造制品。在阿尔寨石窟中提取的氯铜矿呈现圆形带深色内核的晶体形态，而天然的氯铜矿是块状岩石形态。这种圆形带深色内核的特殊形态是在有外界干预的情况下产生的。在云冈石窟和唐代的两件雕塑上，都分析出圆形带核颗粒的氯铜矿。在阿尔寨石窟检测的氯铜矿未没有石绿颗粒存在，所以认为其为人工制作的氯铜矿。[①]

二、技法分析

从构图来看，阿尔寨石窟壁画大部分画面为横展，分为三至四层，最顶部为垂帐纹装饰，其下为一周单列神佛菩萨、护法金刚、天王佛母像，下一层绘制佛本生故事、经变故事、供养人造像类、宗教历史、传记、史实、传说故事等。在元代壁画中，以方形网络将壁画分成若干方格，每格之间留一宽栏，上面整齐地书写着早期古回鹘蒙古文榜题，是目前世界上发现回鹘蒙古文榜题最多的一处遗址。[②]（图 3-12）

从造型手法来看，造型手法基本都是先由单线勾勒轮廓，重彩平涂，做少量渲染，色彩十分质朴，具有极强的装饰性。（图 3-13）也有仅以黑色线条白描的，好像是没来得及进行上色的未完成之作，但依然可以看得出线条流畅，技法纯熟。第 33 窟的"旱地佛教徒"在技法和题材上都显示了中国本土的特点，该图使用了典型的散点透视，以山水为大构架，分上中下三段，叙述有达摩、

① 夏寅、郭宏等：《内蒙古阿尔寨石窟壁画制作工艺和颜料的分析研究》，《文物保护与考古科学》2007 年 5 月，第 2 期。

② 杜青松：《内蒙古阿尔寨石窟地质环境及病害调查与保护》，《石窟寺研究》，2018 年。

③ 张可扬、梁瑞：《蒙元壁画艺术与设计》，内蒙古大学出版社 2014 年版。

④ 图片鄂尔多斯博物馆提供。

图 3-12　度母[③]

图 3-13　度母[④]

护法神和蒙古使者等。整幅画面统一在淡淡的赭石色调中，人物、舟马用流畅遒劲的线条勾勒，造型准确，较以往壁画更具有"绘画性"。具有功力深厚的线描"勾勒法"和细腻的渲染法，勾、皴、擦、点、染等工笔重彩和意笔山水比较完善的技法。[①] 从画面来看，创作者在绘制过程中对于虚实、轻重、缓急等诸多变化十分讲究，泼写随意，酣畅淋漓，画面更注意物体的质感、量感，强调空间感和立体效果的表达，展现出一种工写结合的新壁画风格，集中体现了阿尔寨石窟与中原文化的密切联系。此时，阿尔寨石窟壁画中更加重视笔法，颜色居于次要地位。

　　到了元代，阿尔寨石窟所在地域为蒙古族的领地，石窟成为该区域重要的礼佛和祭祀之地。当时元代统治者对于宗教的态度较为开放，宣扬儒家思想，重视道教，同时对伊斯兰教、基督教也都兼收并蓄，尤其对于藏传"密宗"最为推崇，因此，阿尔寨石窟出现了藏式"密宗"艺术。阿尔寨28号石窟"藏传佛教密宗壁画"系列与敦煌465号石窟保存完好的密宗壁画为同一风格样式，构成了元代壁画的一大特色，并带有浓重西域和印度文化气息。这些壁画用单线勾勒后，重彩平涂，此时的特点是色彩居主要地位，线条属从属地位。这一类壁画制作的技艺，在后来绘制的阿尔寨壁画得到了发展。如28号窟的"藏传佛教密宗壁画"，表现手法上注重追求色彩在二维空间上的表达，色彩的应用堪称成功的典范。画面色彩多以石绿、石青为主，间黑、白、赭石、普兰、土红、紫灰、金银等色，组成冷色调或暖色调，构成一种或沉静、或热烈、或祥和的境界。其中石绿及黑、白的运用，起着协调和统一的作用，画面没有过强的暖色与石绿对抗，强烈的黑白对比，缓和了色彩的冷暖对比，其颜色在深沉的色调中隐现色彩的丰富感。[②] 这些色彩的使用完全借鉴了藏传佛教色彩运用的习惯，画面效果给人以浓重而艳丽，神秘而强烈的感觉，极具

① 郭俊成：《阿尔寨石窟壁画绘制技艺主导思想初探》，《大众文艺》2012年11月，第21期。

② 郭俊成：《阿尔寨石窟壁画绘制技艺主导思想初探》，《大众文艺》2012年11月，第21期。

张力的色彩，给人以深刻的艺术享受。

有学者专门就阿尔寨石窟壁画中线条的运用进行了研究，发现壁画中的线条在西夏、元代、北宋时期之间呈现出明显运笔差别和风格差异。西夏时期"重墨轻彩、重线轻色"，有写意传神的趋向，对于人物、动物的刻画行笔飘逸，具有钉头鼠尾描的特点，而对于山水、树木的刻画中，有了写意之感。用色不算浓烈，大部分使用植物颜料，这也导致了部分画面氧化发黑。从画面细节中可以看到线条柔中带刚，起、承、转、收要素都具备，极具表现力。元代时期的用线较为奔放和随意，造型简洁，画面中可以随处看见重复的线条，是在对线条特性和规律充分掌握之下的自由发挥，突破了以往顿笔、起笔的规律，直接起笔、行笔、收笔，为壁画艺术的发展起到了推动作用。这一类型的壁画数量较多，占有重要地位。北元时期的壁画画幅较大，保存状况良好，在线条的运用上既受到中原文化的影响，也受到了藏传佛教艺术的影响，在元代时期的奔放型特点基础上呈现出线条模式化，具有庄重感的线条逐步取代了元代时期的自由性。[①] 由此可知，不同时期的壁画有着不同的线描特点。

① 苏万循：《石窟寺壁画中的线条研究》，《美术观察》2016 年 1 月，第 1 期。

总之，阿尔寨石窟中创作技法的使用是随着不同历史时期的变化而变化的，显示出当时的宗教信仰和社会文化。中原绘画的技法与藏传佛教的技法的融合，也体现出当时两种文化在阿尔寨地区的碰撞与融合，也显示出阿尔寨地区在文化传播与交流中的中轴地位。

第四节　保存现状与解决措施

阿尔寨石窟所在的岩体属于红砂岩岩体，坚实度较差，下部泥岩软弱，夹层因差异性风化几乎被侵蚀掏空，上岩体成块状分离，壁画的基础支撑体结构非常薄弱，容易发生崩塌。经过对石窟所在岩体的岩石薄片鉴定，可知石窟岩体变质，风化严重导致其结构松散，这使阿尔寨石窟壁画的未来变得十分严峻，保护工作也面临着巨大的挑战。因此，石窟目前的保存状况不乐观，石窟中泥塑均已不存，只采集到部分残件，壁画、榜题剥落严重。（图3-14）

　　在这种情况下，阿尔寨石窟面对自然灾害以及人为因素的抵抗力是非常薄弱的，现存的石窟均有不同程度的病害存在，从成因上分析主要可概括为：岩体地质病害、文物本体病害、生物病害、人类活动引起的病害四大类。有一些具体的原因，如年代久远、地理位置偏僻、人烟稀少、保护经费匮乏、管理难度大等对阿尔寨石窟价值认识不足等，石窟建筑及壁画甚至面临垮塌消失的危险。杜青松发表文章[1]细致分析了阿尔寨石窟病害出现的原因和具体的建议：

　　针对边坡岩和洞窟围岩失稳问题，应采取危岩体加固为主，采用锚固、支顶、注浆、排水相结合的综合治理措施确保洞窟及

[1] 杜青松：《内蒙古阿尔寨石窟地质环境及病害调查与保护》，《石窟寺研究》2018年。

图 3-14　护法神像[2]

[2] 张可扬、梁瑞：《蒙元壁画艺术与设计》，内蒙古大学出版社2014年版，第147页。

文物的安全，选择因地制宜的加固措施，争取最大程度保持石窟的原貌。针对风沙掩埋和侵蚀问题，必须对周边地区植被被破坏，沙漠化比较严重的现象采取有效草原生态建设，对控制区内的全部牧民进行迁移，控制区内禁牧，引进环境整治工程项目，恢复草原自然风貌，进一步展示草原文化独特魅力。针对渗水的问题，应该找出石窟渗水的重点区域范围，清楚窟顶蓄水效果好的松碎地表层，在岩体表面施加防渗层。常年测定石窟内漏水量、温度和湿度，建立气象和环境监测站对石窟的环境条件、污染情况进行观测，积累防风化和防水工作的宝贵基础资料。针对表层风化问题，要通过降低岩体含水量、降低矿化度、减小岩石孔隙率，切断水分向墙身渗透的通道，排出石窟墙内的水分。针对裂隙及空鼓问题，在不改变文物原状的文物修复理念与原则基础上，使用壁画灌浆技术。针对表面污染与变色问题，需要通过持续不断地检测，环境控制等预防性保护手段，将这种影响降到最低。针对彩绘石质表面颜料病害问题，要采取壁画修复和保护工程，采用一些技术分析手段，提高修复的准确性和科学性。

也有学者提出，阿尔寨石窟壁画颜料有一定程度的变色、褪色，壁画本身还存在一些病变，主要表现为酥碱、龟裂、空鼓及剥落等。在日常保护工作中，注意以下几点日常防护的要点[①]：（1）石窟内的温湿度的影响：温湿度对壁画的影响很大，如果环境湿度过低，壁画地仗层中的可溶性硫酸盐、硅酸盐、硝酸银、碳酸盐会在壁画表面重结晶，当湿度过大时，又会溶解消失，这样反复将会导致壁画酥碱、空鼓、霉菌等病变，所以石窟内的温湿度的控制是非常重要的，平时应注意石窟内相对温湿度的调节，尽可能地保持环境温湿度平衡，有条件的情况可以在室内安装空气调节设备。（2）光线照射的影响：避免光线辐射，绝对禁止阳光直射壁画上，因为紫外线可以使黏合剂的碳键断裂，导致黏

① 赵国兴：《浅析壁画的颜料分类及日常养护——以阿尔寨石窟为例》，《鄂尔多斯文化》，2012 年 4 月。

合剂失效，失去黏合作用而使壁画起甲、龟裂、脱落。（3）防止空气污染：空气对壁画的影响也是很大的，特别是当地矿产资源丰富。例如化石燃料会产生氮氧化合物等，继续反应生成硫酸，硫酸会腐蚀壁画，使壁画褪色。（4）画面清理及封护：曾经被牧羊人入住、生火烟熏和人为损毁，使壁画颜色受到影响。（图3-15、图3-16）

通过上文对阿尔寨石窟壁画发现与保护、形制与内容、制作工艺、保护与解决措施等四个方面的分析，可知这座伫立在大漠草原深处的石窟承载着千年岁月中，这个地区多民族、多文化融合与传承，反映了草原地区的宗教信仰，包含了当时人们的服饰、礼教、建筑、民俗等多方面的内容，是北方民族历史

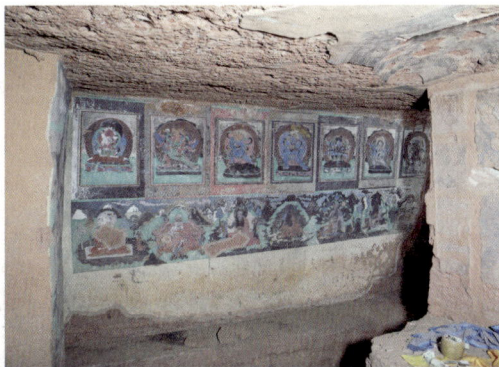

图 3-15　阿尔寨石窟壁画

图 3-16　阿尔寨石窟壁画[1]

① 图片鄂尔多斯博物馆提供。

文化中的重要实物资料和文化遗产，尤其对于成吉思汗的描绘，是研究成吉思汗生活轨迹以及元代历史的珍贵资料。壁画和榜题再现了藏传佛教在内蒙古地区传播的历史画卷，也表明阿尔寨石窟所在地曾是密宗各大流派的汇聚地，可以作为研究北魏经西夏、元代直至明清藏传佛教主要派别的宗教仪轨、信仰内容的重要依据。阿尔寨石窟是草原文化瑰宝，也是佛教艺术的经典，它所具有的历史价值与文化内涵是不可估量的，然而，自然和人为的破坏导致石窟现状十分严峻，壁画正以看得见的速度消失，文物的不可再生性决定了对它干预的任何一个错误都是不可挽回的，如何保护好草原丝绸之路上这一辉煌的文化遗产，是我们共同要面临的问题。①

① 鄂尔多斯博物馆编：《北方草原古代壁画珍品》，陕西新华出版传媒集团，2016 年。

附：阿尔寨石窟壁画欣赏

1. 阿尔寨石窟 31 号窟《祥瑞图》（局部 1）

2. 阿尔寨石窟 31 号窟《祥瑞图》（局部 2）

3. 阿尔寨石窟 31 号窟《吉祥宝瓶图》

4. 阿尔寨石窟 31 号窟《藻井佛教人物图》

5. 阿尔寨石窟 31 号窟《度母故事》（局部）

6. 阿尔寨石窟 32 号窟《战神天》

7. 阿尔寨石窟 31 号窟《释迦牟尼与俩弟子》

8. 阿尔寨石窟 31 号窟《藏传佛教上师》（局部 1）

9. 阿尔寨石窟 31 号窟《藏传佛教上师》（局部 2）

10. 阿尔寨石窟 31 号窟《弥勒立像》

11. 阿尔寨石窟 31 号窟《藏传佛教各教派师承上师图》（局部 1）

12. 阿尔寨石窟 31 号窟《藏传佛教各教派师承上师图》（局部 2）

13. 阿尔寨石窟 31 号窟《藏传佛教各教派师承上师图》（局部 3）

14. 阿尔寨石窟 31 号窟《藏传佛教上师、观音、菩萨图》

15. 阿尔寨石窟 31 号窟《毗沙门天》

16. 阿尔寨石窟 33 号窟《四大天王》（局部 1 ）

17. 阿尔寨石窟 33 号窟《四大天王》（局部 2 ）

18. 阿尔寨石窟 31 号窟《甘露明王》

19. 阿尔寨石窟 31 号窟《供养人》

20. 阿尔寨石窟 31 号窟《十一面千手千眼观音》

21. 阿尔寨石窟 31 号窟《毗沙门天》

22. 阿尔寨石窟 31 号窟《西夏武士引弓乐舞图》

23. 阿尔寨石窟 28 号窟《各民族僧俗人等礼佛图》

24. 阿尔寨石窟 31 号窟《十六罗汉》（局部 1）

25. 阿尔寨石窟 31 号窟《十六罗汉》（局部 2）

第四章
内蒙古寺庙壁
画制作技艺

　　藏传佛教与蒙古地区的文化发展有着密切的关联。元朝灭亡之后，蒙古地区与藏传佛教重新取得联系是在明朝后期。明后期蒙古地区实力最强的土默特部首领俺答汗对蒙古地区藏传佛教再次兴盛起到了至关重要的作用。1578 年西藏格鲁派活佛索南嘉措与俺答汗在青海仰华寺的会面，此为藏传佛教与蒙古重新建立联系的肇始点。此后蒙古地区各部落纷纷与西藏建立了联系，并广泛信奉藏传佛教，因而建寺院、铸佛像、绘壁画等佛事大兴。藏传佛教艺术随格鲁派在蒙古地区的传播而得到迅速发展。民间流传在呼和浩特地区有"七大召、八小召、七十二个绵绵召"的俗语。由此可见，明清时期藏传佛教在蒙古地区的发展十分兴盛，作为藏传佛教艺术重要内容之一的召庙壁画也随之在蒙古地区得到了延承与发展。

　　有学者指出："这些召庙不论在建筑布局、造型特征，还是雕刻绘画等装饰艺术方面无不体现出蒙古民族在藏汉两种文化中的选择，具有明显的地区性和民族特点……'召庙'应作为蒙古族佛教寺庙的专有名词……用'召庙壁画'来称谓蒙古族佛教寺庙——召庙内的壁画……更能准确概括蒙古族这一宗教绘画艺术形式所表现出的民族风格。"[①] 现存于内蒙古地区并仍有古代壁画存留的藏传佛教寺院主要有大召寺、席力图召、乌素图召庆缘

① 伟力：《呼和浩特召庙壁画》，《内蒙古文物考古》1995 年第 Z1期，第 50—58 页、62 页。

寺、乌素图召长寿寺、美岱召、五当召等。本章将从历史沿革、形式与内容题材、制作工艺以及艺术风格四方面对大召寺、美岱召、五当召的壁画进行阐述。

第一节 大召寺

一、大召寺历史概述

大召寺为呼和浩特地区最早修建的藏传佛教黄教寺庙，其建造时间仅晚于美岱召，为内蒙古地区皈依黄教初期建造的寺庙之一。大召寺，蒙语音译为"伊克召"，位于内蒙古呼和浩特市玉泉区。（图4-1）

大召寺始建于1579年，次年竣工，明廷赐名为"弘慈寺"，因佛堂内供有一尊银佛像，因此又称为"银佛寺"。1627年，察哈尔林丹汗攻占土默特地区，曾"克归化城，夺银佛寺"。1632年起大召寺易主，从土默特领主手中交给后金统治者。1640年清太宗皇太极废去土默特顺义王俄木布，以古禄格为土默特都统，主管此地各类事务。在这一过渡阶段，大召寺基本没有遭受破坏，相反得到了较好的保护。在《清太宗实录》中有明文规定，满洲

图4-1 大召寺外景

国皇帝亲谕，须对归化城寺庙"理宜虔奉"，禁止肆意拆毁破坏，在金兵管辖下，如有私自损毁或盗取寺内器物者，一律严惩。1640 年对大召寺重新翻修之后，清廷赐名为"无量寺"，此名沿用至今。顺治九年，因五世达赖途经大召曾于此驻留，大召寺内新增五尊五世达赖铜像加以供奉。清康熙三十六年，大召寺扩建，殿易黄瓦 [①]。

　　大召寺建于明代末年，历经明、清、民国时期几百年的历史考验。经过清代多次扩建和修葺后，1904 年大召札萨克达喇嘛凯穆楚克募缘重修大召，此为 1949 年前对大召寺的最后一次修缮。1949 年后，于 1962 年重修大召寺，对这座历史悠久的寺院进行了保护。"文革"中，大召寺受到一定程度的破坏。现大召寺在原有基础上进一步扩建，在原有建筑群落东侧起建了崭新的殿堂。1984 年以来，呼和浩特市文物事业管理处抢救性地揭取了大召经堂下层东西墙壁画，还临摹了其他召庙的壁画 [②]。

二、大召寺壁画分布与主要内容

　　大召寺建筑群落整体采用汉庙式布局，主要建筑有山门、天王殿、菩提过殿、九间楼、大殿等。大殿包括经堂和佛堂两部分，建筑采用了汉、藏结合的风格样式。（图 4-2）大召寺内壁画主要绘制于大雄宝殿经堂、佛殿、乃琼庙佛殿，以上三处壁画均为古代壁画，除此三处之外，大召寺内壁画均有后世修补、修复。大召寺大经堂由前廊、经堂和佛殿三部分组成，其中，佛殿内四壁均有壁画分布。佛殿北壁绘有五佛图，因殿内供奉三世佛，画面部分被佛像遮挡；佛殿东壁、西壁分别绘有神态动作各异的罗汉像八尊；佛殿与经堂由佛殿的南墙分隔，并被门分割为东、西两堵，东侧绘有十六罗汉的侍者居士揭摩扎拉；西侧绘有僧使汉地和尚，俗称布袋和尚。

① 贻谷纂：《归绥道志》地舆卷十四记载"无量寺俗名大召，在归化城南门外，崇德中建，康熙中殿易黄瓦。"内蒙古图书馆编《归绥道志》，远方出版社 2007 年版，第 449 页。

② 伟力：《呼和浩特召庙壁画》，《内蒙古文物考古》1995 年第 Z1 期，第 50-58 页，62 页。

五佛图

十六罗汉　　　佛　殿　　　十六罗汉

汉地和尚 / 八臂十一面观音（白）　　　居士羯摩扎拉 / 八臂十一面观音（红）

经堂下层壁画

弥勒菩萨　　　文殊菩萨

宗喀巴传记 | 西方净土变 | 宗喀巴传记 | 祖师传

经变　　　经堂上层壁画　　　经变

降六师神变　　　降六师神变

经变　　　　　　　　　　经变

金刚手　　　马头明王

广目天王 | 多闻天王 | 剑　　　寿者 | 持国天王 | 增长天王

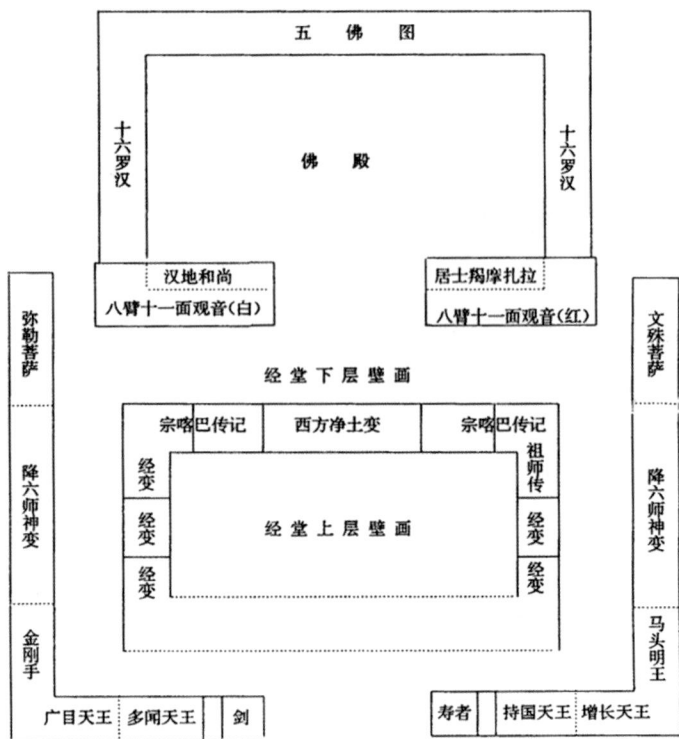

图 4-2　大召经堂壁画分布示意图[①]

① 伟力：《呼和浩特召庙壁画》，《内蒙古文物考古》1995 年第 Z1 期，第 50—58 页、62 页。

　　大召寺经堂内壁划分为上、下两层。佛殿与经堂的公共墙面上，东、西两侧各绘有一尊八臂十一面观音，东侧着红色，西侧着白色。经堂上层的壁画分布于北壁、东壁、西壁，进入经堂首先看到的是北壁正中央描绘的西方净土变，左右两侧对称绘有宗喀巴传记，经堂上层东壁、西壁分别绘有三幅经变图，画面之间由柱子分隔开。经堂下层壁画分布于东壁、西壁及南壁的两侧，东壁绘有文殊菩萨、降六师神变图、马头明王；西壁绘有弥勒菩萨、经变画—降六师神变图、金刚手神像；南壁西侧绘有增长天王、持国天王及寿者；南壁东侧绘有宝剑、多闻天王及广目天王。

　　乃琼为藏传佛教中大护法王白哈尔五身神，又称五身天王。内蒙古大召寺乃琼庙中，主壁壁画所绘便是白哈尔神的五身。乃琼庙主坐北朝南，佛殿壁画集中于北壁、西壁、东壁，北壁为佛殿的主壁，面积大于东西两壁。北壁中神像以人物身量尺寸区分身份地位，众尊像中五位主尊身量大于其他尊像，并位于较小尊像的上方。位于五位尊像中间的帝释又大于其他四位主尊，体现了以较高的身份地位。五尊像从左至右依次为：门普布查，黑色身像，一面三目双臂，身下骑白色母狮，左右双手分别持木质长杖和金刚杵；战神一男，红色身像，一面三目双臂，骑黑驴，头戴藤编帽，双手持藤枝与旃檀木棒；帝释（白哈尔的伴神），青黑色身像，一面三目双臂，眉毛胡须为红色，骑白象，右手持短刀，左手持绳索；具木鸟形者，青色身像，骑黑马，头向左下方倾斜，三目怒视前方；白哈尔，坐骑为白狮，三面六臂，三面分别为蓝色、白色、红色，均有三目，共同戴一顶斗笠。据藏传佛教典故记载，五位生灵分别居于不同方位的天宫，并有不同称谓，其中帝释为意之王，居于天界中央的法宫；门普布查为身之王，居于东方的海螺天宫；具木鸟形者为功德王，居于南方的金天宫；战神一男为语之王，居于西方的红珊瑚宫；白哈尔为业之王，居于北方的绿玉天宫。

大召寺乃琼庙佛殿西壁上描绘的白梵天图为白色身相（图4-3），其身量远大于其他尊像，突出了其主尊地位。白梵天坐于白马之上，上身转向左侧，头戴五叶冠，身着红袍，外套蓝边白色开衫，右手持长剑，左臂回弯于腹前，左臂肘间有一长矛，左手托红色宝盆，其头顶的白海螺极具标志性，为"具海螺髻白梵天"的标志性饰物。"在《西藏的神灵和鬼怪》中按照所引文献的不同列举了多种白梵天造像，尊像除具有独特的发型外，其重要的法器有水晶剑、长矛、珍宝碗。据此可判定内蒙古大召寺乃琼庙佛殿西壁壁画中的主尊像为白梵天。"[①] 此铺壁画表现手法娴熟，人物动态、表情形象生动，画面细节的表

① 奇洁：《内蒙古大召寺乃琼庙佛殿壁画护法神研究》，《中国藏学》2011年，第11-15页。

图 4-3　白梵天①

现极为精美，体现出较高的艺术水平。白梵天面部轮廓较方正，双眉上扬，目视斜下方，唇上八字胡，显示出人物的不凡气质。白梵天所骑白马呈奔跑状，马鬃及马尾并没有呈现出奔跑时的飘逸形态，但线条整齐细密，描绘得较为精致。西壁主尊白梵天的正下方的壁画有剥落的痕迹，且上面所绘僧人的表现手法与壁画整体表现手法不同，其造型简单概括，线条流畅性不及壁画其他处，设色较简单，因此判断此处壁画曾损毁，应为后世补画。

乃琼庙佛殿东壁壁画主尊为铁匠神。铁匠神为头青色身相，戴骷髅冠，面部呈愤怒状，三目圆睁，口大开，坐于褐色公山羊背上，双臂张开，双手持冒火锤和吹火皮囊。铁匠神身着红袍，周身被火焰包围，衬托出青色面部与手，并与背景的绿色调形成鲜明对比。"主尊及其坐骑的样貌与《西藏的神灵和鬼怪》②中的具誓护法单坚的骑羊化相的造像特征极为相似，只是尊像头戴的并非书中所称的'沃贝夏'或'太虚帽'，而是代之以骷髅冠……骑羊是他的主要化相之一。单坚护法也被称作'嘎

②［奥］勒内·德·内贝斯基·沃杰科维茨著，谢继胜译：《西藏的神灵和鬼怪》，西藏人民出版社1993年版。

巴参巾'，呈铁匠装束，被西藏的当地的铁匠奉为保护神。"①

三、制作工艺颜料与技法

（一）召庙壁画制作工艺

壁画制作工艺较之纸本绢本绘画更为复杂，因绘于墙壁之上，在进行绘制前要对墙面进行处理，受墙体材质的差异、气候环境的差异、地仗层制作工艺的差异，甚至同一座召庙内的单体建筑的墙面处理也各有不同。"地处平川的召庙墙壁大多采用土坯为心，外表抹泥的做法，因泥层和土坯易于结合，墙面一般都比较坚固持久。山谷里的召庙则就地取材，以石砌墙，外表包泥。"②绘有壁画的墙壁通常由三层组成，自墙内向外分别为粗泥层、细泥层和颜料层，大召寺经堂墙体结构便如此。此外，一些壁画墙体只有两层，即粗泥层和颜料层如大召佛殿壁画墙体。"粗泥层由黄土加石灰、碎麦草和水而成，匠人俗称'大镶泥'，上墙抹到二至三厘米厚。细泥层又称地仗层，是用淘过的细土加碎麻筋或麦壳、米浆和水，也有掺入动物毛和动物脂油的，匠人俗称'小攘泥'。两层泥抹好干透后再刷一层石灰粉水"③，待地仗完成，墙面干后便可在墙体上进行绘画。

（二）召庙壁画颜料

召庙壁画所采用的颜料多用矿物颜料，例如石青、石绿、朱砂等。此类矿物颜料部分采用稀有宝石研磨制成，如绿松石、青金石等，因此在古代部分颜料会作为贡品。清代，呼和浩特的石青甚至还作为贡品，每年要输入皇宫④。此外有色土壤和贝类也被用作颜料，其色泽不及矿石磨制的颜料鲜艳，如蛤粉、白垩等。调和颜料所用的胶质一般为动物胶，其特性是黏度大、易附着，

① 奇洁：《内蒙古大昭寺乃琼庙佛殿壁画研究》，首都师范大学，硕士学位论文 2009 年，第 13 页。

② 伟力：《呼和浩特召庙壁画》，《内蒙古文物考古》1995 年第 Z1 期，第 50–52 页、62 页。

③ 伟力：《呼和浩特召庙壁画》，《内蒙古文物考古》1995 年第 Z1 期，第 50–52 页、62 页。

④《绥远通志稿》"大事记"，录《大清会典事例》卷九八六。

同时还能起到一定抗氧化作用，使颜料保持色泽新鲜，延长壁画寿命。胶质在干燥情况下可以长期不腐，但由于环境温度、湿度变化，胶质会发生膨胀、收缩，从而导致一些壁画出现龟裂现象。若颜料调和过程中，用胶过多，也出现壁画颜料层龟裂、起翘等现象。大召寺内壁画，除了外力因素或人为因素外，壁画保存较为完好，与壁画颜料及墙面处理得当不无关系，壁画虽有几百年历史，但画面仍色泽明丽，平整如初。与工笔画绘制过程相似，壁画绘制同样需要经过多次涂刷胶矾水，以起到加固颜料作用。部分西藏寺庙壁画在绘制完成后，采用稀胶水涂刷画面，待干后再罩一层清漆，起到保护壁画的作用。

（三）大召寺壁画技法特征

大召寺壁画总体采用了汉、藏融合的绘画技法，制作方法以干壁画法为主，以单线条勾勒轮廓，设色以平涂居多，局部以分染的方法表现物象体积感。大昭寺壁画中的线条以铁线描和游丝描为主。其中，尊像面部轮廓、五官、手部、发须等部位采用高古游丝描，较之人物服饰和景物更为纤细。这些部位的线条细腻流畅，无顿挫感，线条从头至尾粗细一致，起笔无明显顿笔。表现人物头发、眉毛、胡须的线条与皮肤用线基本粗细一致，但线条收尾较细，生动地表现出了毛发的柔软质感，同时细密的线条排布与面部形成疏密对比，使画面富有节奏感。壁画中人物服饰的用线较面部用线略粗，线条松动而灵活，线条造型似柳叶描，但较之更窄且平滑，线条起笔、收笔、转折处均无顿笔，因此所塑造的服饰及飘带具有轻盈之感。（图4-4）

大召寺壁画色彩极为丰富，颜色艳丽、浓重、对比强烈，设色方式以平涂为主，人物面部及服饰均以单线勾勒填色的方式描绘，并不强调物体体积感，画面整体具有装饰性效果。此外，壁

图 4-4　帝释^①

①图片来自内蒙古壁画
保护中心。

画中在云朵、花瓣、宝珠等物体，设色上采用了晕染的方式，形成由白变蓝或由红变黄等渐变效果，使物体具有一定的层次感、体积感。这种色彩效果一般采用先平涂后分染的方式，先以一种颜色平涂，再以另一种颜色沿线条边缘进行分染。

第二节　五当召

五当召是内蒙古自治区保存最完整，占地面积最大的一座藏传佛教寺院，1996 年被列为第四批国家重点文物保护单位。五当召位于包头市东北约 50 千米处。"五当"为蒙语音译，意为"柳树"，藏语称"巴达格尔"，意为"白莲花"。乾隆二十一年（1756年）清廷赐名"广觉寺"。五当召现存主要建筑为六个大殿、三座活佛府、一座供奉本召七位活佛舍利塔的苏卜盖灵堂。寺院依山而建，全部为藏式建筑风格，远望鳞次栉比。（图 4-5）

图 4-5　五当召外景

一、五当召历史概述

五当召是内蒙古地区藏传佛教艺术发展中极具代表性的藏传佛教寺院。关于五当召建立的具体时间，学界存在不同的说法。色力和扎布、勒乌云毕力格的《五当召》[①]一书中指出，五当召初建于康熙年间，由鄂尔多斯左翼前旗旗王纳穆吉勒道尔吉出资修建。呼和巴雅尔在《五当召简史》一文则指出，五当召于 1749 年开始动工修建[②]。刘金锁的《位于内蒙古西部的五当召历史》一文同样认为，乾隆十四年，洞阔尔活佛在吉布呼伦图山开始筹建寺庙[③]。《一世洞阔尔活佛传》中记载，罗布桑扎拉森承担起创建寺庙的重任之后，于 1749 年在吉布呼伦图山之阳创建寺庙[④]。五当召建成后，历经半个世纪的发展壮大，成为清代内蒙古地区最具影响力的寺庙之一，并享有自治特权，直至 1799 年才转由绥远城将军衙署管理。

二、五当召壁画的内容题材

五当召壁画内容多为佛教故事和密宗护法诸神，此外，五当召苏古沁殿二楼回廊处有九组佛寺建筑壁画，此组壁画虽有部分剥落、损毁，但其内容丰富详尽，为五当召等寺庙历史考证提供了参考。"为了保护这九组珍贵壁画，包头市文物管理处组织专

① 色力和扎布、勒乌云毕力格：《五当召》（蒙文），内蒙古科技出版社 1991 年版。
② 呼和巴雅尔：《五当召简史》，《司件文史资料》第三辑，固阳文史资料研究委员会编。
③ 刘金锁：《位于内蒙古西部的五当召历史》（蒙文），《丰碑—献给海希西教授寿辰》，第 352 页。
④ 金峰编：《呼和浩特史蒙古文献资料汇编》（第六辑），内蒙古文化出版社 1989 年版，第 354 页。

业人员对这些壁画进行了临摹。历时三月完成，后为壁画安装了保护栅栏加以保护。"① 壁画中所描绘的九座寺庙分别为：西藏的布达拉宫、哲蚌寺、色拉寺、甘丹寺、大昭寺、桑浦寺、尼姑寺，以及山西的五台山和五当召本寺。其中，五当召图，是唯一描绘内蒙古召庙的壁画。

从五当召图中可以看到五当召的历史沿革，画面中绘出苏古沁独贡（扎仓）、洞阔尔独贡、当圪希德独贡、阿会独贡及一座活佛府和苏波盖陵。此外，画面中还将活佛避暑静修的庚毗召绘制得极为详尽。壁画中人物形象众多，生动还原了僧侣从事佛事及世俗人物的生活景象。依建筑年代推算，这组壁画应是1757年之后的几年内绘制而成。壁画中的建筑按照实际地理位置绘制，东、西二条山间的水流汇聚在寺庙前。壁画中绘有喇嘛在经台上习经辩论的景象、打扫院落的景象以及指挥喇嘛劳作的景象，画中人物神态各异、形象生动。除喇嘛形象外，壁画还描绘了制造车辆、朝拜、送客、饮马、抬水等世俗生活景象。其中，蒙古包、马匹、骆驼及蒙古族歌舞形象展现了浓郁的民族风情。

三、五当召壁画的主要技法

在佛教绘画中，纳塘佛传故事版画的表现方法具有较大影响力，其佛传故事绘画的形制在苏古沁殿壁画绘制时到达了一个前所未有的高峰，这种表现方法相传至今。壁画的绘制首先要根据粉本，以炭条勾勒出壁画所绘的主要内容和形象，这一步骤要求画师具有高度纯熟的造型能力。特别是在内容复杂、场面恢宏、故事情节较多的大面积壁画中，起稿过程尤为重要，接下来的绘制过程皆以此为基础，起稿画师的造型能力直接影响到壁画的优劣。（图 4-6）炭条起稿完成后，画师以墨线勾勒进行定稿。中国画是以线为造型基础的，同时线条本身也具有较高的审美价值，

① 王磊义，《五当召的九大佛寺壁画》，《内蒙古文物考古》2000 年 5 月 30 日。

图 4-6　五当召壁画

壁画线条同样是考量画师技艺水平的重要因素，技艺娴熟的画师所绘制的线条自然流畅、一气呵成。定稿之后第一步先设底色，由浅及深、下浅上深，接着分设山水树木、亭台楼阁、云雾、背光、头光与莲座等装饰纹样。设色完成后再对莲座的莲瓣进行赋色，通过晕染来加强空间透视感，最后对壁画内容勾勒墨线。

　　五当召苏古沁殿东西两壁壁画中，尊像造型的表现手法较为写实，线条细腻而富有变化，色彩浓丽、对比强烈。藏传佛教壁画的勾线方法主要有五种：平勾、浊勾、衣勾、叶勾和云勾[1]，与汉地绘画中的游丝描、铁线描、柳叶描等勾线法有相似之处，五当召壁画中的线条融合汉、藏风格，采用各种线条，生动表现出人物、服饰、法器、景物等物象的不同质感。五当召壁画主要采用单线填色的方法绘制，其线条较细，且部分采用颜料勾线，因此给人一种线、色融合之感。

　　五当召苏古沁贡壁画中描绘的释迦牟尼佛教故事，内容繁复，

① 丹巴绕旦：《西藏绘画》，中国藏学出版社 2017 年版，第 137。

表现手法精湛。壁画中描绘人物皮肤的线条主要采用了平勾法，这样技法与铁线描相似，线条平滑，粗细均匀，且用色较淡，使线条与人物肤色相协调。线条简练、概括，并准确抓住了人物肢体结构及动态特征。壁画中，主尊释迦牟尼像颜色艳丽、对比鲜明，给人以较强的视觉冲击感。释迦牟尼背光有三层，其中，最里层为黑青色，由黑色线条勾勒而成，线条圆润流畅，中间层与外层分别为橙红色和橙色，两种相近色衔接形成类似光晕的效果。释迦牟尼的袈裟的衣纹采用衣勾，以线条粗细区分衣纹层次，衣褶凸出的部分用粗线来表现，凹处部分则用细线来表现，从粗线头向细线尾逐渐淡化[①]。因此，人物服饰远观线条疏密排布有序，富有动感，近观又能发现其线条所表达的衣纹前后层次。画面中的植物叶片采用叶勾法，此勾线法似柳叶描，线条较细，中间较粗与叶片造型相呼应。岩石、粗木等采用浊勾，其特点是线条粗细变化较多，线条起笔、转折处强调抑扬顿挫，体现出较高的绘画水平。

五当召壁画在色彩上具有一定特色，在继承了藏地寺庙壁画色彩的同时，又体现了一定的民族色彩审美取向。民族审美心理形成的终极原因是民族特有的物质生活条件[②]，内蒙古族人民对色彩的审美取向多源自现实生活，草原生活中常见的蓝天、白云、草地、篝火等物象，使得草原民族在艺术创作中常使用红、黄、蓝、绿、白等颜色。（图4-7）不同地域的艺术作品往往体现出不同的色彩使用倾向，产生不同的视觉感受，但是艺术家创作并不完全依赖直观的视觉感受，艺术创作在很大程度上受到地域文化的影响。因此，对于艺术家来说，颜色可以被视作关联着情感价值的符号，五当召壁画的色彩就体现出了鲜明的民族文化特征。除生存环境和民俗文化对民族审美观的影响外，宗教文化同样在艺术工作中起到至关重要的作用。五当召壁画中有大量以红色和

① 闫晓彤：《五当召苏古沁殿壁画研究》，内蒙古师范大学博士论文。

② 梁一儒：《民族审美心理学概论》，青海人民出版社1994年版，第83页。

橙色为主的暖色调壁画，这与蒙古族对火的崇拜不无关系。（图4-8）蒙古族原生宗教萨满教有拜火神的习俗，在萨满教文化中，火被认为是来自天界的神力，是高贵圣洁之物，能够驱走邪秽，在萨满教的各种宗教活动和追踪都离不开火。拜火的观念根植于民族文化中，蒙古族人民把对火的崇拜与敬仰之感带入艺术创作中，火的颜色也便成为蒙古族喜爱的颜色之一。这种具有民族特色的色彩倾向与藏地宗教壁画和中原佛教壁画的色调有所差异，

图 4-7　五当召壁画

图 4-8　五当召壁画

体现出蒙古族壁画的独特之处。

五当召内壁画在色彩表现方法方面丰富多样，壁画中通过冷暖对比、明度对比、色彩饱和度对比、色彩渐变、相近色组合等方式来表现不同物象，达到表现物体质感、光感、体积感以及烘托画面氛围的目的。以壁画主尊释迦牟尼为例，其设色采用了互补色、明暗对比、色彩纯度对比等方式来表现。释迦牟尼身体部分设色较浅接近白色，红色袈裟纯度较高，但在明度上略高于头光的绿色，其身后的背光为黑青色，从色彩明度上看，白、红、绿、黑青四种颜色在色彩明度上依次降低，形成层层衬托的效果，凸显了人物形象。释迦牟尼的袈裟披于肩上，其衣褶起伏与身前袈裟翻卷的部分露出内部灰绿色里衬，里衬颜色与袈裟的大红色虽为绿、红互补色，但里衬的色彩饱和度极低，其与袈裟外部颜色形成的对比远不及人物与背光的对比强烈，因此，袈裟设色在区分了里衬与外部颜色的同时，又混融于人物整体中，不至于突兀，可见画师用色之巧妙。

画面中除大量平涂色彩外，部分采用了分染手法。莲座上的花瓣采用分染的方式来表现其立体感，花瓣根部着色较深，向上明暗渐渐变淡。画面中的云雾由中间向外呈现出由蓝变白的渐变，其画法为：以白色作为底色，平涂底色后，用花青进行分染。壁画整体采用了散点透视，山川树木等景物的赋色以青绿色为主，与人物和建筑的橘红色形成了鲜明对比。

四、五当召壁画艺术风格

五当召内壁画整体的绘画风格是草原民族对宗教信仰的一种表达，其中融合了蒙、藏、满、汉等多民族的审美元素。五当召壁画在内容与神像造型上延续了藏传佛教壁画的基本面貌和部分汉地绘画的风格样式，但在色彩、背景描绘及供养人形象上也体现出了漠南蒙古高原民间艺术特色和草原文化审美特点，形成了具有多元民族文化融合特点的艺术风格。

藏传佛教壁画往往具有特定的造像度量经。早期的宗教壁画大多是宗教领袖人物或大师委托绘制的，因而作品中的内容、构图、佛像尺寸等均有特定要求，当这些壁画作为摹本被传抄，壁画绘制过程中的各项尺寸规格逐渐成了造像度量经。至十八世纪，"更复杂的成套木刻版画从纳塘寺印经院印制出来，颇罗鼐① 组织印刻的佛本生故事版画便起到了这种作用，不仅传遍了整个西藏还作为偏远地区绘制的标准构图。"② 五当召壁画在设色上保持了藏传佛教壁画独特的装饰性，但并非完全依照藏式宗教绘画的造像度量经来绘制。五当召苏古沁殿东、西两壁的壁画内容以纳塘寺版画佛本生传作为粉本，但壁画实际内容和造型与粉本存在一定差异。壁画中的人物与故事场景与纳塘寺版画保持一致，但在人物造型、设色上加以修改，体现出了清代内蒙古地区所特有的艺术风格样式。

人物造型方面，释迦牟尼基本性质与纳塘版画释迦牟尼流源的形制相同，但在构图上，五当召壁画中的释迦牟尼形象在画面中占比明显大于其他同题材绘画。画面人物体量的增大使主尊形象极为突出，形成较强的视觉冲击力。巨大的释迦牟尼形象与周围的山石树木等景物形成强烈对比，强化了主尊形象的高大伟岸，给人以崇高、肃穆的心理感受。在色彩风格上，五当召壁画也与典型的藏传佛教绘画有所不同。就释迦牟尼故事绘画来看，五当召内壁画多采用红、橙、黄、白、绿、蓝等蒙古族民间美术常用色，且色彩纯度略低于藏传佛教绘画中的色彩，颜料多与白色进行调和，从而降低色彩间的对比。在色彩搭配上，五当召壁画中的红橙搭配、黄绿搭配、青蓝搭配等同色调色彩搭配较多，区别于藏式绘画补色搭配居多的特点，呈现出更温和、平静的画面效

① 颇罗鼐（Polhanas），（1689—1747），清代西藏贵族。西藏江孜人。本名琐南多结，曾为和硕特汗国末代汗王拉藏汗秘书。在1730年，颇罗鼐支持创建了纳塘寺经院。西藏人民给予了积极的支持，对继承和弘扬西藏的印刷和文化事业无疑起了积极的作用。
② 闫晓彤：《五当召苏古沁殿壁画研究》，内蒙古师范大学博士论文。

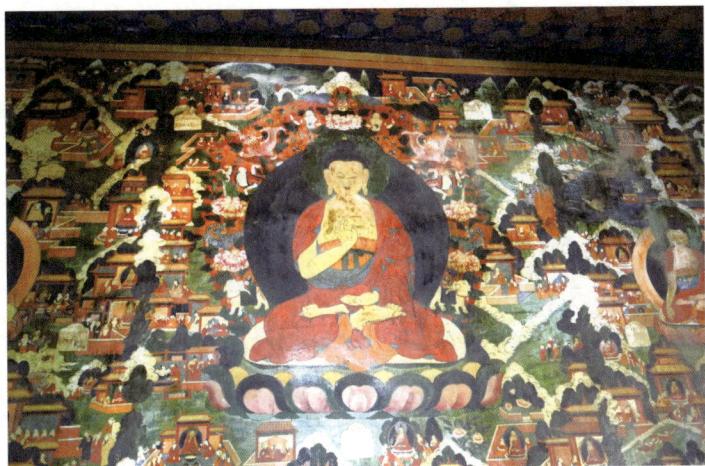

图 4-9　五当召壁画

果，体现出一定的蒙古族审美特色。除人物造型和色彩运用外，五当召壁画在画面装饰元素上也体现出一定的民族特色，形成了蒙古族样式的藏传佛教艺术。（图 4-9）壁画《如意藤本生图》，装饰纹样与藏式佛教绘画不同，藏式壁画、唐卡中常见的莲珠图与莲叶相结合的装饰纹样，在此处被圆形莲藤纹样与传统云纹代替，莲藤纹样不仅体现了蒙古族审美特色同时还呼应了如意藤本生故事内容，体现了较高的艺术性，反映出我国多民族交流融合的文化艺术特点。

第三节　美岱召

　　美岱召位于包头市土默特右旗美岱召镇美岱召村，召庙被村落所包围。美岱召始建于明嘉靖三十六年（公元 1557 年），历史上称为"大板升城"，是明代藏传佛教传入内蒙古草原建立的第一座寺院。美岱召现存壁画 1600 多平方米，工艺精美、风格独特，被誉为"壁画博物馆"。美岱召壁画在内蒙古召庙壁画中具有突出特征，是内蒙古召庙壁画中唯一绘有供养人像的壁画，因此具有很高的历史、艺术和文化价值。

一、美岱召历史概述

美岱召，蒙古语"美岱"意为弥勒，原名灵觉寺，后改寿灵寺。美岱召是内蒙古地区重要藏传佛教建筑之一，全国重点文物保护单位，位于土默特右旗美岱召村。美岱召建筑整体仿照中原汉式建筑结构，并融合蒙藏风格，是一座"城寺结合，人佛共居"的喇嘛庙。其建筑总面积约 4000 平方米，寺内有大量的古代壁画遗存。

美岱召壁画在建筑完工后就随之绘制，建成至今，建筑经过多次修葺、改造，殿内壁画也随之经历了损毁、剥落、覆盖、重绘。蒙古地区藏传佛教壁画总体来说源自汉藏绘画，但其在出入蒙古地区后，也在发展过程中形成了地区独有的风格面貌。美岱召作为明代藏传佛教传入蒙古地区绘制壁画最早的佛寺，在接受、发扬新兴宗教绘画的过程中具有承前启后的重要作用，是内蒙古地区大规模接受藏传佛教后建立的第一所召庙，也是蒙古地区藏传佛教艺术的肇始。此后蒙古地区的召庙壁画都在一定程度上受到它的影响。美岱召壁画是蒙古地区保存较为完好的藏传佛教壁画，因历史原因，其早期壁画具有五派风格并存的现象，而后期则藏传佛教黄教壁画风格为主。美岱召多数殿内均有壁画，但由于损毁、修复，大部分壁画为清代早期、中期补绘或重绘。美岱召壁画主要分布于大雄宝殿、琉璃殿、太后庙以及八角庙。（图4-10）其中，最具历史价值和艺术价值的壁画当属大雄宝殿内佛堂四壁[①]。

二、美岱召壁画的内容题材

美岱召壁画中最为著名的是大雄宝殿中，描绘有"三娘子"

① 苏日古嘎:《美岱召壁画艺术研究》，内蒙古师范大学硕士学位论文 2017 年。

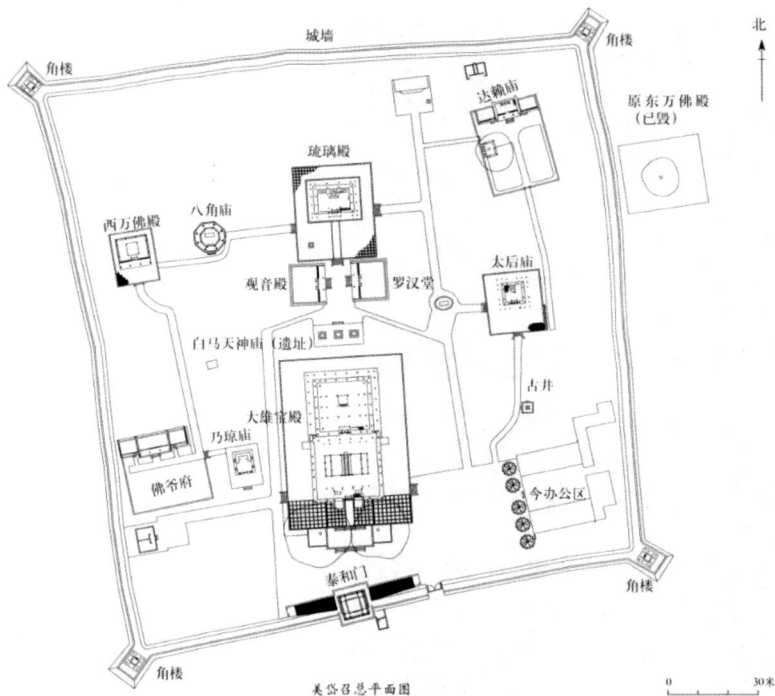

图 4-10 美岱召总平面图，图片出自《美岱召壁画与彩绘》[1]

① 包头市文物管理处编
著:《美岱召壁画与彩
绘》，文物出版社 2010
年版。

的壁画。（图 4-11）《三娘子图》在大雄宝殿西壁腰线以下北侧墙壁，属供养人物画像类。《三娘子图》主要描绘的是老年时期的三娘子，壁画中三娘子头戴圆形帽，身穿黄色对襟大袍，左手握念珠、右手持摩尼宝珠，颈挂项链，戴大耳环，从发辫沿双肩垂下一对圭形饰物。壁画中三娘子面孔属于典型的蒙古女性容貌，服饰具有内蒙古土默特地方特色。画中人物面带微笑，目光慈祥，显出雍容之态，是整幅壁画中的核心人物。在三娘子左侧是一位老年蒙古族男子，老年男子胡须浓密，头戴红顶黑檐冠，冠顶镶红色珠宝，身穿浅蓝色长袍，手持念珠，侧身蹲坐。（图4-12）经考证，该男子为阿拉坦汗嫡孙，三代顺义王扯力克[2]。三娘子左上方为战神形象，该战神顶戴头盔，须有八字胡，表情严肃，身披橙红色铠甲，手持长枪。其右上方有四位正在奏乐的

② 包头市文物管理处编
著:《美岱召壁画与彩
绘》，文物出版社 2010
年版。

图 4-11　美岱召壁画

① 包头市文物管理处编：《美岱召壁画与彩绘》，文物出版社 2010 年版。

图 4-12　蓝衣长须老年男子①

喇嘛，四人各执不同乐器，动作、表情各异，形象极为生动。壁画中人物与背景处于不同空间平面，人物均匀分布于画面中，并以大小区分身份地位，从视觉感受上讲，人物间的空间距离并不大，视角上属于平视。而画面中的景物采用散点透视，近景的山石与远景的山石在大小上并无差别，呈现出俯视效果。

　　美岱召大多殿堂内均有壁画遗存，但其中不乏后世修补、重绘之作，现存壁画中保存较完好的壁画为大雄宝殿佛堂四壁壁画。美岱召大雄宝殿坐北朝南，壁画分布在经堂与佛堂内，佛堂北壁中心为巨幅释迦牟尼佛像，（图 4-13）左右为其弟子阿难、迦叶，周围绘有佛传故事，下部绘四大天王、达摩多罗及布袋和尚；佛堂东壁为宗喀巴成道故事，故事情节丰富由上至下依次推进，壁画下层绘有大黑天、胜乐金刚、吉祥天女等多尊护法神像，（图

4-14）佛堂西壁壁画内容为宗喀巴及其弟子，下层绘有蒙古族供养人像，其中包括三娘子和三代顺义王扯力克等。（图4-15）佛堂壁画表面有空洞，可见其下层有壁画存在，据此推断，现存佛堂壁画应为后世重绘。且佛堂南壁大门左右两侧上部的壁画明显其颜色等与现在可见的大部分壁画存在很大差异，可见壁画重绘时间应与底层壁画有较长的时间差。（图4-16）

图4-13 佛殿北壁壁画 [1]

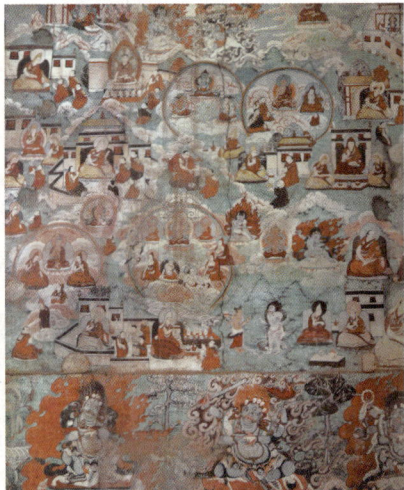

图4-14 佛殿东壁壁画 [2]

图4-15 佛殿西壁壁画（局部）[3]

图4-16 佛殿南壁二层木门 [4]

[1] 包头市文物管理处编著：《美岱召壁画与彩绘》，文物出版社2010年版。

[2] 包头市文物管理处编著：《美岱召壁画与彩绘》，文物出版社2010年版。

[3] 包头市文物管理处编著：《美岱召壁画与彩绘》，文物出版社2010年版。

[4] 包头市文物管理处编著：《美岱召壁画与彩绘》，文物出版社2010年版。

三、美岱召壁画的技法特征

召庙壁画从制作方法上可以划分为绘画型壁画和塑绘结合壁画两种。从寺观壁画所存在的环境以及绘制传统来看，中国境内的大部分宗教壁画都属于绘画性壁画，这也是美岱召壁画的主要类型。从建筑环境或内容功能方面来看，因为宗教艺术有着不同于其他艺术的目的，是以宣传教义为主要目的，所以召庙壁画在构思和设计时具有较强的情节性和明确的主题。另一方面，宗教艺术也属于美术范畴，同样具有审美性，所以美岱召壁画也是具有审美功用的宗教艺术。

美岱召壁画是绘画型的，在制作方式上是典型的干壁画，泥制地仗层中掺有稻秆、粗麻等植物纤维，因地处畜牧业发达地区，地仗层中还会就地取材加入羊毛，能够起到防止开裂的作用，并利于颜料附着。在设色方式上主要采用的是藏传佛教绘画中常用的平涂手法，先以单线勾勒轮廓，后在其中填涂颜色。美岱召壁画受汉、藏两种绘画风格影响，在画面装饰和场景设置中常见汉地风格的青绿山水及建筑装饰，在表现动、植物的写实手法上，也体现出一定的汉地绘画风格，此为藏传佛教绘画在中原地区传播发展的一大特征。同时，美岱召壁画在绘制手法、线条、配色及绘制度量经等方面保留了藏传佛教的传统，并在内容上包含大量藏传佛教元素。

藏传佛教壁画中常常以手印、法器等符号化的内容，象征所绘主体在获得圆满的精神和寓意内涵。美岱召壁画中神、佛形象诸多，并含有众多宗教象征性元素，这些形象、符号都为壁画内容研究提供了重要依据。藏传佛教绘画从壁画到唐卡，其线条的组织、用笔都遵循工致与严谨的风格。在人物形象塑造上，美岱召壁画依照藏传佛教造像度量经来塑造佛像和神像，采用了藏式绘画中典型的概括、夸张手法，人物形象表情生动、动作各异，将佛教故事中描述的神、佛形象准确生动地表现出来。美岱召壁画在线条上主要采用了游丝描与铁线描。其中游丝描纤细流畅，线条无明显粗细变化，主要用于表现人物的皮肤、头发。铁线描线条略粗，笔力遒劲，体现出汉地绘画用笔的提按手法，富有韵律感，大多用于表现人物服饰、法器、宝座以及云雾等。

　　以佛殿西壁的三世达赖像为例，除补绘部分，尊像的面部刻画精致细腻，较为写实，人物面部以平涂为主，五官处稍有晕染痕迹，并不强调其立体感。人物面部轮廓、五官及手部的线条细腻而遒劲，表现出人物肌肤与服饰质感的差异。（图4-17）人物衣着的处理上最为精彩，线条流畅，衣纹堆叠，繁密组合极富韵律感。达赖王世头戴的通人冠线条粗细、弯折变化较少，人物身着的黄红色相间袈裟十分华丽，衣纹线条流畅且疏密组合协调，将袈裟垂落、堆叠的走势表现得极为生动。袈裟上的花纹以彩色线条描绘，以云纹与牡丹为主，纹饰繁复，勾勒得极为精致。主尊顶光的线条勾勒较为粗重、简练、流畅，光环内施以重色来衬托尊像面部色彩，背光的内、外轮廓线分别用橙、白色线条勾勒，

图4-17　达赖三世[1]

① 包头市文物管理处编著：《美岱召壁画与彩绘》，文物出版社2010年版。

使线条自然融入光环中，可见创作者技艺之精湛，构思之巧妙。

佛堂北壁和东壁下层描绘的护法神像、罗汉与西壁主尊的表现方式不同，采用了线条疏密对比的方式来区分主次，主体人物的线条繁密，而其背光、宝座及坐骑等物象则以稀疏线条来表现。这种疏密对比的表现手法同样体现在景物与建筑器具的刻画上，使得画面整体富有层次感、韵律感。除人物刻画的线条外，在美岱召壁画中，描绘建筑的线条也具有一定特色。美岱召壁画中，藏式建筑和汉式楼阁共存，其中，藏式建筑棱角分明，线条直接简练；汉式楼阁线条长、短、曲、直变化丰富，两种建筑风格对比明显，体现出汉藏融合的独特风格。

在绘画的形式语言中，色彩与造型具有同等重要的地位，在藏传佛教绘画中，形与色一般为并重的关系。美岱召壁画的设色方法，除之平涂外，还运用到了分染的表现方式，这种色彩分染法主要体现在尊像面部和肢体的表现上。例如，大雄宝殿东壁的六臂玛哈嘎啦，在其外眼角、鼻翼两侧、颧骨下及下巴周围均采用了分染的手法，突出了五官的立体感，使面部表情更加狞厉。较之面部，尊像的手臂、腹部和腿部采用了更深的颜色进行分染，手臂的分染主要在于肘关节和小臂下缘，分染面积较小，呈条状，并在关节衔接处略宽，凸显了手臂肌肉的造型。腿部的分染集中在小腿肌肉结构上，且色彩过渡不明显，这种画法或许是为了凸显腿部肌肉的起伏。整体而言，尊像身体部分的分染集中在肢体结构的下缘，且过渡色面积较小，这种表现手法使尊像呈现出浅浮雕的体积感，并在视觉上产生顶光照射的效果，在凸显肢体结构的同时增强了尊像的威严、神圣感。

在色彩构成上，美岱召壁画色彩凝重而艳丽，在延续了藏传佛教绘画的色彩规律的同时融入了汉地绘画色彩和蒙古族色彩审美观念。美岱召壁画运用了大量的补色、对比色组合，如红绿对比、红蓝对比、绿橙对比等。不仅如此，壁画还巧妙地利用色彩纯度来表现空间前后和主次关系。壁画中，诸多画面背景以绿色调为主，与红色的佛衣、尊像服饰、火焰等形成补色对比，而灰绿色的背景色彩纯度较低，画面主体形象所采用的红色纯度较高，因此，背景色彩衬托主体物象的同时，又能很好地隐藏于主体之后，形成空间上的退后感。此外，壁画在世俗人物题材中，多用到蒙古族喜爱的黄、蓝、白等色。背景的描绘以蓝天绿地为主，极富蒙古民族特色。

同佛像的造型一样，壁画中佛像的色彩在造像度量经中也有严格的规定，在宗教绘画中，不同的色彩具有不同的象征意义。如佛殿南壁的白拉姆像，其为吉祥天母的寂静像，其身体皮肤为白色，五官、颈部及手指处以浅粉色稍作分染，身着红袍，外套白色蓝边开衫，脚蹬石绿色短靴。尊像头戴红色花冠，与石绿色头光形成补色对比，并衬托出人物面部色彩，色调和谐体现出平和、静穆的气氛。尊像背光以红色为主，中间颜色浓重艳丽，与服饰的白色形成对比，边缘处颜色较淡，与背景中云雾色彩饱和度相似，使背光完美融合于环境中。（图 4-18）

美岱召壁画所采用颜料大多为天然矿物颜料，其特点是具有很强的稳定性，在一般环境条件下不易与空气中水、氧等发生化合反应，因此壁画在历经数百年之久后，仍能以艳丽色彩示人。内蒙古地区召庙壁画因源于藏地，其色彩具有浓厚的藏地风格。在气候条件恶劣、物资匮乏的高寒地区，藏民对浓烈、具有强烈视觉冲击力的色彩由衷热爱，同时宗教艺术也会通过强烈的视觉冲击来达到震撼人心的效果。"受宗教思想观念的影响，宗教壁画要求所绘制的佛像应体现出佛的神圣和威严，且不同佛像所使用的色彩也不相同。色彩不仅在社会生活中对人们的心理具有暗示意味，在宗教艺术中同样具有很强隐喻性，特别是在佛教艺术

①包头市文物管理处编
著：《美岱召壁画与彩
绘》，文物出版社 2010
年版。

图 4-18　白拉姆 ①

②苏日古嘎：《美岱召
壁画艺术研究》，内蒙
古师范大学硕士学位论
文 2017 年。

中，色彩具有符号化的特点。佛教的题材与色彩是宗教意识的集中体现，同时表达了信众的宗教理想和愿望。美岱召壁画在色彩的使用，同样反映藏传佛教主题，不同的色彩具有不同的象征性，藏传佛教中黄色象征神圣、光明、智慧；红色象征火焰与权力；绿色象征希望、温馨、善良；黑色代表威严等。"②

美岱召壁画设色以平涂为主，画面背景采用大面积的灰绿色，其原因一是受藏地色彩传统影响，二是因蒙古民族对绿色的喜爱。藏传佛教格鲁派又称为"黄教"，为凸显派别特征和教义，美岱召在建筑装饰和壁画中均采用了大量黄色。

四、美岱召壁画艺术风格特征

美岱召虽为藏传佛教寺庙，但其中壁画受汉地绘画影响较深，画面中除主要佛教人物外，背景中的植物、建筑等物象也采用了大量汉地绘画元素。如画面背景中的祥云图案和汉地风格的建筑。此外，画面中的山石树木等景物体现出了明显的明代山水画表现手法，美岱召壁画的题材、内容与内蒙古地区的宗教信仰和宗教活动密切相关，"除主壁上的释迦牟尼与二弟子以及佛传故事是佛教寺院壁画的常用题材以外，东西两壁上所绘宗喀巴直接表示内蒙古地区自明代后期以来对于藏传佛教黄教的信仰。"[1] 壁画中的供养人形象在面貌特征、发式、服饰、配饰等方面也体现出明显的蒙古族特色。

　　大雄宝殿东壁下方的护法神像有玛哈嘎啦，该尊像有三目六臂，通身灰色长有褐发，最上方的双手持象皮，披于肩上，脚下踏白象，周身被红色火焰包围，火焰两侧有布满白色苔点的石头，（图4-19）吉祥天母，该尊像三目双臂，赤发，侧身坐于赭色骡身上，骡的臀部有一眼，前有一怪兽以蛇牵骡，画面下方为红色浪花。（图4-20）画面中主尊为佛教故事中的形象，但背景中出现大量汉地绘画元素与表现手法。两个尊像周围的石头，其造型、皴法，石头上苔点的画法，均与明清绘画中的山石画法无异。吉祥天母两旁的树木和下方的海浪也明显体现出汉地绘画风格。"北壁下部的达摩多罗与虎行于岩石上，达摩多罗着汉地服装，汉地发式，脚蹬镶边云头履，右手持拂尘，左手持一瓶，身背一

① 苏日古嘎：《美岱召壁画艺术研究》，内蒙古师范大学硕士学位论文 2017 年。

② 包头市文物管理处编著：《美岱召壁画与彩绘》，文物出版社 2010年版。

③ 包头市文物管理处编著：《美岱召壁画与彩绘》，文物出版社 2010年版。

图4-19　六臂玛哈嘎拉 ②

图4-20　吉祥天母 ③

经匣，右侧有一虎，头大、身短、尾长，面露凶相，右上方升起一云朵，内有宝生如来一尊，伏虎罗汉前后都有树石，均体现汉地绘画风格。"①

美岱召壁画中，供养人像描绘得细致、生动，且人物形象表情丰富、姿态各异，特色鲜明。与神佛形象不同，供养人形象无法通过法器、坐骑、装束等判断其身份和地位，但壁画通过人物方位、大小、坐姿、配饰等内容表现了众多供养人的身份地位差异，体现出画师高超的艺术表现力。美岱召大雄宝殿壁画中最有特色的应是西壁下方所描绘的蒙古族供养人。（图4-21）壁画中，供养人服饰具有清代服饰特征，并体现出一定的蒙古族服饰特色，供养人在画面中大小、位置各有不同，体现出不同的身份地位。这些供养人姿态各异，有的手持念珠，有的手持法器，有的手持乐器，画面下层有一个供养人怀抱箭筒，内有弓和箭，此类画面内容足见画师对蒙古族风俗的了解。壁画北侧绘有一位老妇，该人物形象体积大于周围人物，据文献记载及学界分析，该人物应是顺义王俺答汗之妾——三娘子，是明蒙关系史上的重要人物，

① 奇洁：《美岱召及其大雄宝殿壁画研究》，阴山学刊2013年10月20日。

图4-21 供养人壁画②

② 包头市文物管理处编著：《美岱召壁画与彩绘》，文物出版社2010年版。

为明蒙关系的长足稳定发展作出了巨大的贡献。1587 年，三娘子受明廷封为"忠顺夫人"，并且建造发展了土默特地区的板升（今呼和浩特），积极延续俺答汗与明朝廷建立的互市，为土默特地区的各方面发展奠定了良好的基础。在蒙古族供养人的壁画上主体人物中，大多数人物为侧身，或侧坐而身体转向正面，唯有三娘子的形象描绘为正面，足见其在历史上的贡献之大、地位之高。

上述蒙古族供养人壁画从其绘画风格、人物服饰、背景环境和人物所用器具等因素判断，此壁画应为后世重绘。宿白先生在《呼和浩特及其附近几座召庙殿堂布局的初步探讨》一文中，对于美岱召召庙壁画的分析是："以上壁画和部分彩画虽多经后世重描，但大部保存旧时构图，特别是其中有关寺史的人物形象，殊值珍视。"[①]《土默特志》关于美岱召壁画的描述如下：根据画面中人物的服饰、发型以及陪衬画的特点，可以看出壁画人物有元、明、清三代的特征，可见这画原稿出于明代，由此可见，壁画应在清代进行过修复或重绘[②]。在美岱召现存壁画内容中可看出，部分人物服饰与明代服饰不同，壁画中蒙古族供养人身着的对襟长袍及服饰中的马蹄袖多在清代服装中出现。此外人物佩戴的冠帽形制多样，同时出现明、清时期样式，冠帽形制上具有清朝样式、藏族样式、蒙古族样式等[③]。

美岱召壁画由于蒙、藏、满、汉等民族间的宗教传播和文化融合，以及不同年代的重绘、修补，在题材、内容和艺术风格上呈现出了多民族文化交流融合，甚至跨时空融合的特点。美岱召壁画不仅具有较高的艺术研究价值，同时为民族文化研究提供了有力的参考依据。[④]

① 宿白：《呼和浩特及其附近几座召庙殿堂布局的初步探讨》，《文物》1994 年第 4 期。
② 土默特志（上卷）：《呼和浩特》，内蒙古人民出版社 1997 年版。
③ 奇洁：《美岱召及其大雄宝殿壁画研究》[J]，《阴山学刊》，2013 年第 5 期，第 29-34 页。
④ 包头市五当召管理处编：《五当召珍藏——唐卡 壁画》，文物出版社 2017 年版。

附：五当召壁画欣赏

1. 五当召壁画《苏古沁殿壁画》（局部 1）

2. 五当召壁画《六臂玛哈嘎拉》

3. 五当召壁画（局部 2）

4. 五当召《斯巴霍》唐卡

5. 五当召壁画《大威德金刚曼陀罗》

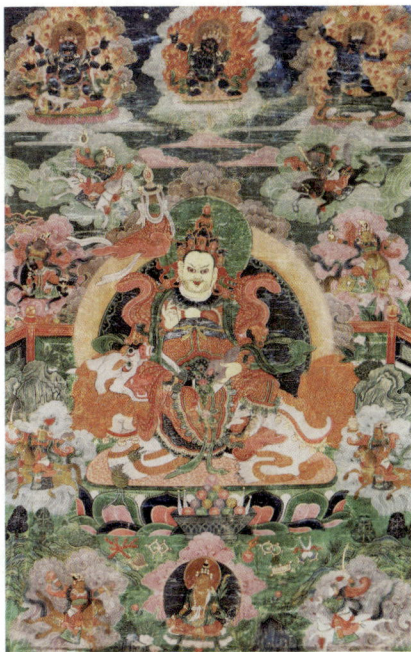

6. 五当召壁画《财神毗沙门天王》

7. 五当召壁画《空行母》

8. 五当召壁画《拉穆护法》

9. 五当召壁画《大威德金刚》（局部1）

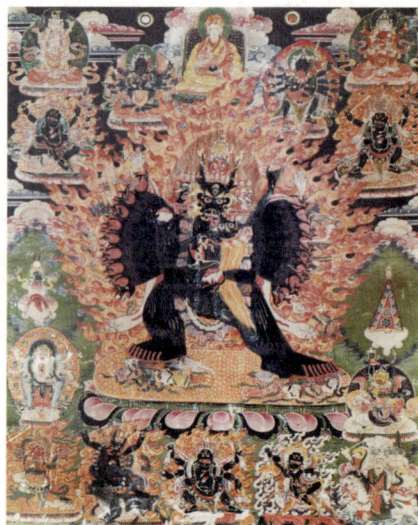

10. 五当召壁画《大威德金刚》（局部2）

11. 五当召壁画《大威德金刚》（局部3）

12. 五当召《高僧》唐卡

13. 五当召《古印度高僧功德光》唐卡

14. 五当召《古印度高僧世亲》唐卡

15. 五当召《佛母》唐卡

16. 五当召《大秘密随持佛母》唐卡

17. 五当召《绿度母》唐卡

18. 五当召《十一面观音塔》唐卡

第五章 内蒙古古代壁画制作技艺的保护与传承

中国古代壁画与各个历史时期人们的信仰、习俗、审美观念等密切相关，反映了当时社会的政治、经济、文学、艺术和科技发展水平，是生动翔实的古代社会生活的画卷，反映出中华民族千百年来深厚的文化积淀。

2015 年，参照 1964 年《国际古迹保护与修复宪章》（《威尼斯宪章》）为代表的国际原则，由国际古迹遗址理事会中国国家委员会制定、中华人民共和国国家文物局推荐的《中国文物古迹保护准则》正式出台；2019 年，中国政府工作报告中列入"加强文物保护利用和非物质文化遗产传承"，[①] 可见，文物保护和传承课题是国家文化战略的一项重点工作，也是中国壁画工作者们的必修课。

古代壁画制作技艺的载体在古代壁画上，如果壁画都不存在了，后续的所有工作都将是一纸空文，因此，传承古代壁画制作技艺首先就要保护古代壁画本体。"据不完全统计，全国美术馆系统大约藏有 58 万件壁画，其中超过 30 万件需要修复，全国博物馆系统中大约藏有 2700 万件壁画，其中超过 2000 万件需要保护和修复。"[②] 在辽阔的内蒙古草原，从东到西遍布着面积大、风格多样的古代壁画，有和林格尔东汉墓壁画、阿尔寨石窟壁画、呼和浩特大召寺壁画、赤峰地区辽墓壁画等上百处遗迹，基础上

① 李克强：《政府工作报告》，第十三届全国人民代表大会第二次会议 2019 年 3 月 5 日。

② 王颖生：《第三届"一带一路"壁画论坛—古代壁画的复制与修复研究暨作品展》，四川美术学院 2018 年 9 月。

图 5-1　古代壁画修复保护

都面临着保护和修复的问题。（图 5-1）

随着壁画保护事业的不断发展，"目前在故宫博物院、中国美术馆、国家博物馆有较强的和较为完善的工作室、设备和人员配置，能承接一定数量的修复工作。敦煌研究院在壁画保护和修复这一领域处于领先地位，保护修复力量最强，除了完成敦煌研究院自身的壁画保护任务，还支援西藏、新疆、内蒙古、河北等地，做了一些古代壁画的保护和修复项目，其在 2013 年完成、出版了国家文物局重点科研课题《古代壁画保护规范研究》，还有一些省份的文博单位，具有壁画的保护资质，也在做这方面的工作，如陕西、山西、河南、河北等。"① 在内蒙古地区，内蒙古博物院、内蒙古考古研究所、内蒙古壁画保护中心（呼和浩特博物院）、包头博物馆、鄂尔多斯博物馆、赤峰市博物馆等文博单位，在墓葬壁画的揭取、保护和传播方面也积累了一些宝贵的经验。

古代壁画的保护分为几个方面，除了原壁的保护和修复，临摹也是一种保护方式，修复和临摹都需要有人去学习和传承。目

① 王颖生：《第三届"一带一路"壁画论坛—古代壁画的复制与修复研究暨作品展》，四川美术学院 2018 年 9 月。

前，内蒙古古代壁画修复传承人的培养已跟不上实际的需要，壁画修复人才严重匮乏是当前紧迫的问题。现从事古代壁画修复的人员绝大部分来自民间或者文博系统，他们依赖实践经验或者培训学习，掌握了宝贵的修复经验，为内蒙古的壁画保护作出了很大贡献，但面临着后续人员力量不足的问题。2017年之后，内蒙古先后参与和主办了几期国家艺术基金"古代壁画"项目，产生了一些影响，但仍需延续性。内蒙古古代壁画非遗遗址及传承人也应该加强申报。因此，通过高校招生正规培养专业化人才队伍变得非常必要。目前在全国高校中开设壁画修复和保护专业的寥寥无几，开设壁画艺术专业的也不多。在这种形势下，内蒙古师范大学（简称：内蒙古师大）美术学院作为内蒙古美术教育的奠基者和人才培养基地，在将近70年美术教育积淀的基础之上，发掘散落在各个专业中的壁画课程和壁画课程环节，凝聚部分有壁画研究基础的教师，通过多次论证和专业整合，在原内蒙古师大雕塑院壁画系和原民艺院壁画专业运行八年的基础上，于2018年成立了新的壁画系，翻开了在内蒙古高校中培养壁画艺术人才的新篇章，尽管还有很多不成熟不完善的环节，但在一定程度上为古代壁画保护和传承提供了新生力量。

　　古代壁画的保护和传播离不开高新技术的介入，数字化便是其中最重要的一个方面。通过全国乃至全世界从古代壁画保护、传播效果看，运用数字化对古代壁画进行保护和传播是一个大趋势，目前，全国各地的文博系统陆续开展着相关工作，敦煌研究院在壁画数字化方面处于世界领先的地位，而其他大部分地区发展较缓慢。内蒙古在古代壁画数字化方面也开展着相关工作，笔者采访了内蒙古博物院、内蒙古壁画保护中心、包头博物馆、鄂尔多斯博物馆相关负责人得知：内蒙古博物院是全国获批的六个拥有壁画数字化能力的单位之一，已经陆续进行着辽墓壁画的数字化工作；赤峰市博物馆联合国家文物局已获批一个文保数字化项目，该项目正在进行；内蒙古壁画保护中心、包头博物馆和鄂尔多斯博物馆也陆续启动了数字化申报工作。

第一节 古代壁画保护与传承

一、古代壁画保护的几个基本知识

（一）壁画损毁的原因

提到古代壁画制作技艺的保护与传承，不得不分析探讨其损毁原因，找出原因，才能采取有效的保护措施。古代壁画损毁的原因因时代、因地域的不同，造成损毁状况也各异，总体来看，其损毁原因大致有如下因素：

1. 外力因素（天然因素）

"大自然的温度、湿度、微生物、光照情况和气候影响，还有地震、洪灾、火灾以及其他不可预测因素。"[1] 自然损毁是由物理、化学、生物变化所致，特别是各种古代壁画的环境因素：温度、湿度、光照、空气污染物、地质环境、有害微生物、昆虫等因素对壁画的腐蚀、侵蚀，还有人类目前无法控制的自然灾害如地震、风暴、雷电、洪水等等的损毁。

2. 内力因素（壁画自身因素）

因为"壁体附着不良，导致泥层构造浮起、脱落、崩塌、空膨、剥落、酥碱、裂隙等现象，颜料变色、起甲、褪色及颜料成分因素，还有其他影响古代壁画变质及修复的因素。"[2] 古代壁画是建筑的附着物，因此其损毁受到墙体结构和地仗制作工艺的影响。

[1] 王岩松:《山西古代壁画损毁成因及其保护》,《文物世界》2003年04月。

[2] 王岩松:《山西古代壁画损毁成因及其保护》,《文物世界》2003年04月。

3. 人为因素

特定年代人为损坏、触碰壁画、毁坏壁画、香火烟熏；修补不善；参观人员产生的二氧化碳、空气污染等因素。

（二）修复保护的分类

1. 原地保护

就是在古代壁画所原址上进行保护。如呼和浩特大召寺乃琼庙壁画、包头土右旗美岱召壁画（图5-2）等。

2. 博物馆保护

由于自然损毁、人为损毁等原因，古代壁画不得不采取揭取并放入博物馆进行保护（图5-3）。如大召寺经堂壁画、赤峰境内部分辽代墓壁画和吐尔基山壁画。

图 5-2　美岱召壁画

图 5-3　博物馆中陈列的古代壁画

图 5-4　永乐宫三清殿

3. 异地保护

由于原址毁坏已不适合古代壁画的保护，壁画需要随之迁移，采取揭取、迁移、复原的办法解决。如山西芮城的永乐宫壁画（图5-4）。

（三）十二步壁画保护的方法

根据《中国文物古迹保护准则》的基本原则和程序，总结中国几十年来文物古迹保护的经验和教训，在结合国际先进的保护理念的基础上，按照古代壁画保护的特殊性，敦煌研究院专家系统总结的12步古代壁画保护的方法，具有较强的科学性和可实施性，为业界所认可，即：（1）前期全面调查研究被保护壁画。（2）合理评估壁画价值。（3）科学评估壁画的现状保护情况。（4）评估确定壁画保护的最佳状态。（5）确定壁画保护现实目标。（6）选择最优壁画保护方案。（7）选择壁画修复保护的工艺和材料。（8）制定详细的保护方案。（9）实施壁画保护工作。（10）详细精确的档案记录。（11）后期评估壁画修复保护工作。（12）后期检测和维护。

二、内蒙古古代壁画的保护

（一）内蒙古各博物馆（院）馆藏古代壁画基本情况

笔者调研了内蒙古部分博物馆（院）相关负责人，馆藏已揭取古代壁画大致情况如下：内蒙古博物院藏古代壁画约 10 余幅，有清代壁画和辽代壁画等；内蒙古壁画保护中心藏大召寺经堂壁画 64 幅，约 39 平方米；包头市博物馆藏汉代壁画 2 幅，约 2.25 平方米，藏清代壁画 3 幅，约 1.5 平方米；赤峰市博物馆藏辽墓壁画 1 幅，约 2 平方米、藏元代砂子山墓壁画 6 幅，约 3 平方米、敖汉旗和巴林左旗藏辽墓壁画 100 余幅；鄂尔多斯博物馆藏有部分境内壁画，具体数量暂未对外公布；内蒙古考古研究所藏辽代壁画，数量不详。

（二）呼和浩特大召经堂壁画和赤峰敖汉旗辽代壁画修复

内蒙古古代壁画的修复保护工作开始于 20 世纪 80 年代：呼和浩特大召寺经堂东西两壁的壁画和赤峰敖汉旗被盗的一批辽代墓葬。

"呼和浩特大召寺经堂东西约 20.3 米，纵高 2.58 米，壁画面积约 53 平方米。修复过程中，呼和浩特市文物事业管理处先对大召寺经堂壁画进行拍照、临摹，然后对壁画进行了揭取，揭取保存面积 34.96 平方米。壁画揭取时切割为 186 块，加固为 72 幅单体壁画，按照画面内容组合成 65 幅相对独立完整的画面。"[①] 就是这次抢救性揭取，使这批壁画有幸得以保存并藏入博物馆；赤峰敖汉旗境内在 20 余座被盗辽墓中，抢救性地清理和发掘并揭取了 76 幅辽代壁画。壁画内容表现的主要是契丹人的生活场景和社会风情，为研究辽代社会的政治、经济、历史、军事、文化提供了非常珍贵的图像依据，壁画目前入藏敖汉旗博物馆。

① 杜晓黎：《内蒙古地区壁画保护修复的回顾与展望》，《内蒙古文物考古》2010 年第 1 期。

壁画是建筑物的附属装饰，建筑物是壁画赖以存在的载体。当壁画所处环境发生改变不适合壁画保存的时候，就需要用揭取的手段进行保护。以上两项工作一个是召庙壁画的抢救性揭取，另一个是墓室壁画的抢救性揭取，都是因为壁画所依存的载体发生了改变，而不得不采取揭取保护的措施。这样及时对壁画进行科学保护，不仅可以有效地遏制壁画因环境不适合而导致病害的或产生、或劣化、或毁损，而且可以继续留存和展示。

"由于在 20 世纪 80 年代初期材料技术所限，文物保护中普遍运用环氧树脂材料。以上两处壁画的修复中也将环氧树脂材料作为壁画的支撑材料。在加固大召寺经堂壁画时，先把壁画揭取时保留的地仗层由 2—5 厘米厚取薄至 1—1.7 厘米，然后用环氧树脂制作了璃钢钢背衬。为了加固和封护壁画颜料层，在其表面涂刷胶矾水。"① 环氧树脂材料地仗层经过十余年后，其老化、污染等负面问题逐渐显现出来，给壁画带来了地仗层碎裂、错位、变形、空鼓、脱落等新的病害，尽管辽墓壁画地仗有石灰层，但当时使用三甲树脂材料作为画面封护剂，若干年后看，明显损伤了颜料层。但是在当时看，环氧树脂和三甲树脂也是新材料，在抢救性保护这两处壁画中也发挥了作用。

① 杜晓黎：《内蒙古地区壁画保护修复的回顾与展望》，《内蒙古文物考古》2010 年第 1 期。

（三）塔子山辽墓壁画、砂子山元墓壁画和吐尔基山辽墓壁画修复

20 世纪 90 年代，内蒙古赤峰市博物馆揭取一幅赤峰市塔子山辽墓《辽代侍卫图》，画中是一位身着红色袍服、手持骨朵，留有契丹人发型的男性侍卫（图 5-5）。由于条件所限，该墓葬发掘后，对墓室壁画进行了分块揭取，其中只简单地加固处理了两处壁画。壁画表面同样涂刷、喷涂三甲树脂溶液，加固和支撑体材料用了石膏，后期修复时又用环氧树脂加木龙骨做支撑体。

图 5-5　门吏图[1]

目前，这两处壁画出现了画面变形、酥碱、起甲等病害。内蒙古壁画保护中心经过前期调查，并与敦煌研究院探讨后，两处不同时期的墓室壁画面积均较小，为便于壁画保护修复，将其合并为一个方案，制定了保护修复方案，在反复开展实验性修复研究后，形成了一套完整的针对石膏加固壁画的再处理工艺流程，对两处壁画的支撑体进行更换，并对壁画保护历史和再处理过程中出现的问题进行了总结和探讨。

"砂子山元墓壁画采用 20 世纪八九十年代最为普遍的揭取修复技术，赤峰市博物馆揭取壁画时为加固画面，用事先配好的不同浓度的三甲树脂溶液涂刷在壁画上，烘干后拆砖取画。修复时在壁画石灰层的背面浇注一层石膏，在木框里用石膏和乳胶浇注，在浇注石膏前，用铜焊条做了一副骨架以增加石膏体强度，最后在加固修复后的石膏层上黏接一层五合板，为防止五合板脱落，用竹铆钉在背面打孔，进行'加铆拉挂'"[2]。（图 5-6）

图 5-6　伎乐图[3]

① 徐光冀主编：《中国出土壁画全集》，科学出版社 2012 年版，第 147 页。

② 武晓怡：《赤峰市博物馆所藏壁画的保护和修复》，《草原文物》2018 年第 3 期。

③ 徐光冀主编：《中国出土壁画全集》，科学出版社 2012 年版，第 222 页。

内蒙古壁画保护中心利用便携式分析仪、便携式数码显微镜和便携式 X 射线荧光光谱进行该壁画材料及病害的原位无损分析调查，确定了其制作工艺、壁画表面封护材料及内部结构和绘画颜料。针对两处壁画现状与出现的壁画地仗层断裂、酥碱、画面缺失、错位、污染等病害，制定了保护方案开展了保护修复，其原则如下：

1. 修旧如旧与最小介入、最小干预与最大兼容的原则

采用与壁画最大兼容的石灰质修复材料填补画面，选用古代石灰浆制作新地仗，尽量减少在壁画上使用机械工具和化学试剂。消除了破坏壁画稳定性和影响壁画价值的病害。例如，在修复时，采用更低浓度的动物性胶溶剂对颜料层进行加固，效果都很好。"在吐尔基山辽墓壁画修复中，经过试验论证，由于墓室进水等原因严重，决定除保留一块基本完整的壁画残块原地仗层并加固外，其余的壁画全部剔除原残留地仗层。"[1] 为了强调壁画的历史真实性、艺术性和观赏性，尽量在清理出来的碎片中拼接比对，制作新的地仗层，还原壁画的平面效果，使壁画尽量达到最佳的完整度。

2. 修复补绘裂隙中的可识别性原则

修复补绘壁画裂缝过程中，对不影响画面稳定性的地方予以保留。修补时整体考虑画面色彩、质感等因素，既要将补绘部分与旧画面相区别，又要统一协调，需要兼顾壁画的可识别性和艺术性。修补裂缝要尽量选取和原壁相同或相似的材料，裂缝处要低于画面。"大召壁画修补的材料是细泥浆，以过筛细黏土＋细沙＋碎麻筋＋聚醋酸乙烯水溶液配制；辽墓壁画修补所用的灰浆成分为：淋石灰＋细沙＋细黏土＋碎麻筋＋聚醋酸乙烯水溶液，泥浆和灰浆的浓稠度要适宜。"[2] 主要是针对壁画中缺失部位、裂隙部位，参照图片局部进行补绘。这样做，不仅能留有修复者

① 任亚云：《大召壁画保护修复中对揭取壁画再处理和加固支撑材料的应用》，《管理科学与工程技术》2012 年。

② 杜晓黎：《内蒙古地区壁画保护修复的回顾与展望》，《内蒙古文物考古》2010 年第 1 期。

的痕迹，还能给以后的修复留有余地。

3. 古代工艺的传承与新材料的不断更新

大召壁画、吐尔基山壁画地仗层的古代制作方法，包含粗泥层和细泥层的制作，从材料的拣选到制泥的每一道工序，全部按照古代做法和工艺进行。大召壁画补绘前先用仪器测试出颜料性质考证出来源、画面风格和绘制程序，尽可能与原壁风格一致的手法进行修复。充分考虑材料的兼容性与可逆性原则，壁画地仗层制作完毕，又加了一层石灰层，选择新型材料蜂窝铝板做支撑体材料，黏接材料为硅酮胶，再配以与壁画风格符合的外框，可以起到保护壁画的辅助作用。

"基本保护路线为：前期处理—壁画背部加固材料清理—背部加固—壁画正面的清理和局部加固—壁画拼对—粘贴新支撑体（蜂窝铝板）—壁画表面及边缘的处理—壁画美学修复—颜料层的封护。"[①] 保护修复工艺及步骤：（1）壁画正面的清理和局部加固；（2）壁画背部清理加固修复。

制作新支撑体和粘贴新支撑体：

"支撑体由蜂窝铝板、软木和碳素纤维布（软木夹在蜂窝状铝板和碳素纤维布中间，可减少因材料强度不同而产生的应力变形，实现应力层间过度和缓冲）组成。"[②] "通过对选用轻型材料的试验，选择与石灰质壁画相适应的蜂窝型铝合金板材加固支撑材料，应用于揭取壁画的保护，使受损的壁画得以更好地保存和保护。在无纺布接缝布上，点状堆积聚醋酸乙烯原液（间隔3厘米左右），壁画移至上面支撑体与壁画地仗黏结"[③]（四周各留2厘米左右）。

（四）乃琼庙壁画修复

大召寺乃琼庙建于明万历十五年（1587年），现存经堂及佛

① 武晓怡：《赤峰市博物馆所藏壁画的保护和修复》，《草原文物》，2018年03期。

② 樊再轩、薛止昆、唐伟、艾力·阿不都拉、殷煌：《新疆和田达玛沟遗址出土壁画修复试验报告》，《敦煌研究》2013年01期。

③ 武晓怡：《赤峰市博物馆所藏壁画的保护和修复》，《草原文物》，2018年03期。

殿建筑较为完整，经堂和佛殿壁画面积 185.5 平方米，画面内容庞杂、人物众多。绘有佛、菩萨、罗汉、度母、护法以及藏传佛教的历代高僧、上师、达赖、班禅等像，对于研究明清时代内蒙古土默特地区藏传佛教艺术具有重要意义。（图 5-7）

2010—2011 年，内蒙古壁画保护中心与敦煌研究院合作开展《内蒙古呼和浩特市大召寺乃琼庙壁画保护修复方案》编制工作，2012 年通过国家文物局审核，2015 年 4 月至 2016 年 8 月，内蒙古壁画保护中心按照《内蒙古呼和浩特市壁画保护修复方案》，对乃琼庙经堂与佛殿壁画进行保护修复工作，对其存在的主要病害、成因以及保护修复。完成了壁画原始照片与病害照片的拍摄、现场绘制病害现状图、壁画表面污染物的清理与清洗、对严重病害壁画的加固等第一阶段保护修复工作，保护修复工程与大召寺乃琼庙古建筑维修工作同期进行。由于乃琼庙古建筑修缮工作涉及经堂、佛殿落架大修，以及经堂东、西墙体内槽朽内柱的更换，为了使乃琼庙的古建筑维修顺利进行，同时为下一步

图 5-7　修复前的大召寺乃琼庙

壁画病害保护打下了良好基础，内蒙古壁画保护中心制作壁画封护板，在不触碰壁画的原则下，对佛殿 105.66 平方米壁画进行封护，对经堂东、西壁近 80 平方米壁画进行支顶，完成第一阶段壁画预加固保护工作，后进行壁画美学修复工作。（图 5-8、图 5-9）

　　美学修复是壁画保护修复重要的一环，实际的操作中要以文物保护的"原真性"原则（authenticity）为依据。authenticity 这个词的意思很多，大体可分为两个方面，一是真实，二是原初。19 世纪后兴起的文物保护修复的观念和理论，形成了法国派、英国派、意大利派等不同的保护观念，它们之间相互借鉴、融合，最后形成了以意大利派为代表的集大成者《威尼斯宪章》，关于"原真性"有如下含义："修复过程是一个高度专业性的工作，其目的旨在保存和展示古迹的美学与历史价值，并以尊重原始材料和确凿文献为依据。一旦出现臆测，必须立即予以停止。此外，即使如此，任何不可避免地添加都必须与该建筑的构成有所区别，

图 5-8　大召寺乃琼庙壁画[1]

① 图片源自内蒙古壁画保护中心。

图 5-9　师生参加美学修复

① 国家文物局编：《国际文化遗产保护文件选编》，文物出版社 2007 年版，第 53 页。

并且必须有现代标记。无论在任何情况下，修复之前及之后必须对古迹进行古迹历史研究"①。

其在文物保护中的含义被阐释为三个方面：（1）修复要以历史真实和可靠文献为依据，反对一切形式的伪造。（2）要保存文物在各个历史时期中的信息。（3）修补时保证整体协调，同时修补部位与文物本体要有明显区别。按照这一原则，配色的依据就是使画面协调并与原有的画面相区别。

2016 年笔者带领部分壁画专业学生以实习、实践的身份参与内蒙古壁画保护中心大召寺乃琼庙的美学修复项目，有初步的体会：（1）需要具备扎实的美术功底和较高的美术修养。美术基础弱是不行的，光有美术基础也是远远不够的。经过几百上千年的老墙，壁画色彩变化非常微妙，颜色很难调，加之墙体基底原因，即使调好的颜色画上去还会变色。因此美学修复时需要多研究、多思考、多向前辈学习请教。（2）美学修复遵循的原则是修旧如旧和填补空白原则。要求在有色彩的地方不做修复，在颜色缺损的地方补色。这个过程中，遇到缺损的形，需要在画面上和资料中找，确保无误，方可落笔。（3）美学修复和"画壁画"有很大的区别。在颜色缺损的地方修补，给修复者"发挥"的空间很小，像"戴着脚镣跳舞"，不能"杜撰"和"臆测"，更不能"创作"，因此需要有极大的耐心，还有一些很复杂的图案修补，极考验人的细心程度。（4）在修复过程中。如履薄冰，稍有不慎，可能会

图 5-10　学生参加美学修复实习

图 5-11　学生参加美学修复实习

触及壁画甚至损坏画面，需要有对文物保护极强的责任心。（图5-10、图5-11）

三、另一种保护——古代壁画临摹

古代壁画临摹是一项重要的工作，不仅具有作为原壁副本的保存价值，而且具有很高的文物价值以及艺术价值，在某种意义上，临摹古代壁画是对壁画的保护自是不言而喻的。

世界上没有艺术的"孤岛"，每一种艺术都是在糅合、吸收其他相异文化因素的基础上，彼此影响、相互交融发展而来的。就绘画技法层面而言，笔者不认同将"中国古代壁画技法"狭隘化、神秘化和复杂化，比如"天竺遗法"中"凹凸法"，汉译佛经和梵语文献《画经》记载了西域的"凹凸法"，印度阿旃陀石窟保存着很多用"凹凸法"绘制的壁画，画法一目了然，学界早有其几种类型的划分。其在传入我国与中原画法交融之后，不管是体现在壁画、绢本或纸本绘画中，与西域画法已不完全相同，最终实现了其"中国化"。当然，"凹凸法"的传入使中国绘画艺术实现了一次伟大的超越，丰富了我国的绘画艺术宝库。

从古至今，前辈大师们留下了大量珍贵的摹本和宝贵的理论，供后人研究和学习，在此仅举几例。宋代的黄思伯在《东观馀论》中讲到"临"是细致分析、理解并了然于心，而"摹"则是原貌复制；宋代大书法家米芾在《书史》中说过："书可临不可摹"。他认为"临"和"摹"是两种技术方式，"摹"在于外表的效果，而"临"则需要通过理解作品的内在精神，"临"需要把对象从"形似"到"神似"都忠实地表现出来；张大千对临摹的解读是："师古人之迹，先师古人之心"；[1] 常书鸿先生说："临摹不但要求客观地再现作品的形态与色彩，更重要的是在于展示作品的神态、笔墨和气韵。"[2] 追古烁今，稍有美术史常识的人都知道，

[1] 张大千:《张大千画语录》，海南摄影美术出版社1992年版。
[2] 常书鸿:《九十春秋——敦煌五十年》，北京大学出版社2011年版。

①（唐）张彦远：《历代名画记》卷五，人民美术出版社 1964 年版。
②（宋）郭若虚，邓白注：《图画见闻志》卷一，《论曹吴体法》，四川美术出版社 1986 年版。
③（唐）朱景玄，温肇桐注：《唐朝名画录》，《神品上一人（吴道玄）》，四川美术出版社 2010 年版。

④ 李强：《从传移模写到全息摹复的壁画保护——以内蒙古和林格尔东汉壁画墓的摹复实践为田野个案》，《内蒙古艺术学院学报》2018 年 12 月。

同一时期的壁画和绢本、纸本绘画风格基本上是一致的，当时很多有名的绢本画家也画壁画，比如"光照一寺、施者填咽、俄而得百万钱"①的顾恺之、借鉴"凹凸法"的张僧繇、"其体稠迭而衣服紧窄"②的曹仲达、"寺观之中，图画墙壁，凡三百余间。变相人物，奇踪异状，无有同者"③的吴道子。而"书画本一律"（苏轼），东方艺术最高审美准则都是"气韵生动"（六法）。当然也不能排斥"摹"，没有"摹"的"临"是难以高度相似的；而没有"临"的"摹"，却是苍白和拙劣的。因此，"临"和"摹"缺一不可，"临摹"一词"临"字在先，而"摹"字在后。

内蒙古有明确记载较早从事古代壁画临摹工作的有金高先生等人。金高先生生于 1933 年，北京人，毕业于中央美术学院，师从徐悲鸿，1953 年毕业后分配至内蒙古工作，德高望重，1983 年与丈夫王济达先生移居纽约。"金高先生曾经在内蒙古文博系统工作，和林格尔东汉壁画墓考古发掘后，有关部门考虑到保留"复本"的工作任务，派金高先生去临摹，据说她采用玻璃板拷贝的方法来准确地表现壁画中的形象信息。金高先生一共完成了三套临摹作品"④，笔者见过保存在内蒙古自治区博物院的一套，该摹本艺术水平非常高，另外两套据说分别由国家博物馆和画家自己保存。盖山林先生的著作《和林格尔汉墓壁画》中也提到过金高、官其格、郑隆、张郁等人临摹了壁画。（图 5-12、图 5-13、图 5-14、图 5-15）

1965 年，出生于内蒙古科尔沁草原的官其格先生以优异的成绩从中央美院毕业，"文革"爆发后，官其格独自沿着丝绸之路来到大西北，一头扎进敦煌石窟和克孜尔石窟临摹壁画达 8 年之久。反复地观察、临摹使他受益匪浅，吃透了中国古代壁画的精神和表现手法，后来先生也参与了和林格尔壁画墓的临摹，其曾

图 5-12　金高先生临摹和林格尔壁画

图 5-13　金高先生临摹和林格尔壁画

图 5-14　金高先生临
摹和林格尔壁画

图 5-15　金高先生临摹和林格尔壁画①

① 金 高：《金 高 作 品
集》，湖南美术出版社
2007 年版，第 183-186
页。

撰写论文《我怎样临摹古代壁画》（1984 年《美术研究》第一期），
他详细阐述了其临摹古代壁画的理念和方法。

1983 年，耿永森与程旭光等人赴美岱召进行壁画临摹，临摹
大雄宝殿"三娘子"壁画两幅 26 平方米、四臂密宗金刚像 20 幅
40 平方米、玻璃殿四壁佛像 9 平方米，并绘制美岱召建筑平面图
一幅，其撰写的论文《美岱召召庙建筑、壁画艺术考察报告》（内
蒙古师范大学学报·哲社版 1983 年 03 期），为内蒙古第一份研
究美岱召壁画的考察报告。

1993 年 11 月 28 日，《中国文物报》报道，内蒙古和林格尔
县三道营乡发现北魏时期大型砖室壁画墓彩绘壁画，内蒙古自治
区文化厅当时组织有关专家对壁画进行了临摹和揭取并妥善收藏。

1995 年 10 月 22 日《中国文物报》报道，内蒙古自治区文化

① 王大方：《内蒙古敖汉旗辽代契丹壁画墓抢救工作取得重大成果》，《内蒙古社会科学》（文史哲版），1996年第3期。

② 王大方：《内蒙古敖汉旗辽代契丹壁画墓抢救工作取得重大成果》，《内蒙古社会科学》（文史哲版），1996年第3期。

厅组织文物考古人员，对敖汉旗境内的一批因人为或自然破坏的辽壁画墓进行抢救保护，共临摹壁画44幅，揭取35幅。"使这批距今千余年的古代艺术珍品免遭毁灭，并向世人展现了契丹社会的风情。考古人员在敖汉旗四家子镇临摹了一幅面积40余平方米的大型壁画，场面浩大。墓主人坐于半浮雕椅上，面前陈列美味珍馐，其中在一盘中盛放3颗大西瓜，这是中国古代壁画中年代最早的西瓜形象。"① 在敖汉旗七家村，考古人员临摹并揭取了一幅"马球图"，上绘8人8马和1个球门，契丹骑者纵马奔驰，手中挥舞球杆，守门骑者的幞头迎风飘舞，"反映出契丹受唐文化影响，打马球比赛从唐廷传入草原，受到善于骑射的契丹人的喜爱，激烈竞赛的场面"② （图5-16、图5-17）。考古人员还临摹了契丹"散乐图"等。

2009年内蒙古考古研究所发现一座辽代早期壁画墓，有"夫妻对坐图""十二生肖图"等，挖掘后对壁画进行了临摹。

在包头市文博系统工作30余年的王磊义老师，数十年研究包头境内古代壁画和蒙藏唐卡，他的研究成果得到了业内的认可。他曾主持五当召、美岱召等壁画的修复和临摹，并分别于2013年和2019年，在包头博物馆和美术馆举办了"佛殿丹青——美岱召五当召明清壁画临摹展"和"阴山梵寺佛殿丹青——美岱召明清壁画临摹展"，展出的作品有美岱召明代古印度大成就者、佛、菩萨、十六罗汉、度母尊像及多幅曼陀罗图、清代文殊菩萨、

③ 徐光冀主编：《中国出土壁画全集》，科学出版社2012年版，第186-187页。

图5-16 打马球图

图5-17 打马球图③

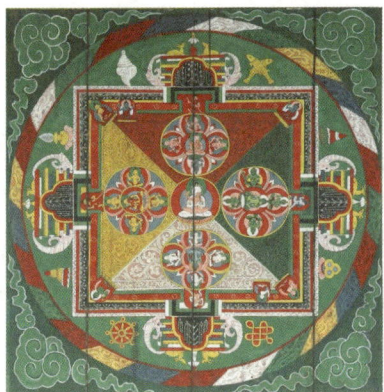

图 5-18　五方佛坛城①

图 5-19　曼陀罗尊胜佛母白塔②

①图片源自王磊义老师。
②图片源自王磊义老师。

阿勒坦汗家族供养人像和九大佛寺建筑等，临摹的作品保持原画的风格和神韵。（图 5-18、图 5-19）

　　就内蒙古古代壁画临摹工作，笔者电话采访了内蒙古博物院院长兼内蒙古文物局局长、博士生导师陈永志先生得知，内蒙古考古研究所也曾经临摹过一批辽代壁画，各盟市文博系统有零星临摹作品留存。其他单位或个人也有临摹活动，不一一介绍。

　　经笔者调研，近几十年来，在内蒙古各高校的美术学院零星开过一些古代壁画临摹课程，或者在课程中有古代壁画临摹单元。在内蒙古师范大学的临摹教学中，综合敦煌研究院历代专家的临摹方法、山西永乐宫壁画绘制技法、青海热贡唐卡绘制工艺及各大美术学院的古代壁画制作工艺，并结合中国艺术研究院、中国美院等几家机构举办的国家艺术基金"古代壁画"项目的基础上，取各家所长，结合本土材料进行了大量的探索，形成了一套较为科学、完整的临摹方法和理念，得到了政府和社会的认可。（图 5-20）介绍如下：

壁画临摹步骤视频 1

图 5-20　学生在热贡学习唐卡

（一）三个方面的准备工作

"临摹不是一项简单的复制工作，不是简单的模仿，而是一种严肃而复杂的艺术劳动，要达到体现原壁画的精神，必须进行一系列临摹前的研究工作。"①

（1）了解临摹对象

首先要了解古代壁画的内容、背景知识、绘画材料等相关信息，临摹时做到心中有数，切不可不动脑筋、直观照搬照抄、模仿表面效果。

（2）要分辨古代壁画的风格特征

每个朝代风格不一样，还有的互相影响，需要具备基本的美术史知识进行纵向划分和个体研究。

（3）壁画制作地仗、拷贝程序和方法

壁画地仗：除了纸本做旧、纸本刷泥底之外，还有蜂窝铝板绷布、蜂窝铝板直接刷泥底、木板绷布、加厚 PVC 板直接刷泥底、

① 段文杰：《临摹是一门学问》，《国画家》1997 年第 1 期。

木板直接刷泥底、木框绷布刷泥底、铁框绷布刷泥底、做沙底等多种手法。

早期的临摹者，一般采取直接在古代壁画上拷贝的方法，后来为了保护壁画，一律用对壁写生法临摹。再后来拍照、幻灯放大、对壁修改、描线、然后面对原壁上色。还有的在提炼好的壁画白描稿上直接拷贝。

甚至还有将壁画直接打印喷绘在画纸或布上的方法，因为不经过提炼的过程，容易导致临摹者只看到表面，不深入思考内在线面、线色、线形关系，一般不推荐采取此种方式。

壁画临摹步骤视频 2

（二）基础工具颜料

羊毫笔、狼毫笔、兼毫笔、勾线笔、板刷；刮刀、纱布、砂纸；水干色、锡管国画色、矿物色、墨、土等。

（三）四种临摹方法

1. 现状临摹

以现存古代壁画的形态、色彩和细节为标准，以达到惟妙惟肖为目的。大到画面整体结构，小到一个划痕都尽可能体现原作精神。需要注意整体效果的把控，否则陷入琐碎、凌乱、主次不分。官其格先生临摹和林格尔壁画即是此法。

2. 整理性临摹

为了整体效果更完整，在查阅确切资料的基础上，对原壁画进行必要的整理完善，使形象更加完整，呈现更好的艺术效果。如果没有确切的资料支撑，不可主观臆造。

3. 复原性临摹

在经过查阅历史资料和对壁画艺术风格透彻研究的基础上，将现存壁画恢复到壁画刚完成时的面貌，使临本焕然一新。要想

图 5-21　赵俊荣先生绘制《都督府人太原　　　图 5-22　李波作品《草原的安吉乐》
王氏礼佛图》

补救成功，需要经过长时间的调查研究，参阅历史文献，还需要具备较强的艺术修养和绘画功力。（图 5-21）

4. 创作（创意）性临摹

简称临创，在原古代壁画基础上，通过加减其元素、改换材质、变色、变形、抽取、吸收、融汇、迁想等艺术手法，融入个人情感，源于古代壁画又不限于古代壁画，达到创作出新作品的目的。

有的艺术家在长期的创作实践基础上，从古代壁画中汲取营养，运用新媒介材料，大胆创新，融汇到自己的创作中，创造出有学术高度、打动人心的艺术作品。（图 5-22）

（四）四种功夫

一是线条。这是临摹古代壁画的基本功。运笔，就是运力，运力就是运情，古代壁画和同时代的绢本纸本绘画风格基本是一致的。线中的抑扬顿挫，轻重疾徐，就是感情的波动和节奏，古代壁画的线是充满审美感情的产物。从线的功能讲，有起稿线、定形线、提神线和装饰线；从线的形态讲，功能不一，形态各异。因工具和作者不同而出现的不同线条，临摹时要掌握具体对象，不能一以概之。如张彦远评顾恺之的线条"紧劲连绵，循环趋忽，调格逸易，风趋电疾，意存笔先，画尽意在，所以全神气也"，评陆探微则是："陆公参灵酌妙，动与神会，笔迹劲利，如锥刀焉"[①]。一般来说，练习线条，需先从中锋运笔开始，线描类型先从铁线描开始练习。基本要领是：握笔紧、落笔稳、压力大、速度快，这样描出的线，气脉相联流畅有力。（图5-23）

二是色彩。不同时代有不同风格的壁画色彩，同一时代也有不同类型的壁画色彩，掌握了色彩的规律和时代特点。还要掌握古代画师赋彩方法，技法上大致有：平染、晕染（包含凹凸画法）、点染、皴擦、没骨等技法，具体临摹的时候视具体情况综合调配运用。

三是传神。就是赋予艺术形象以生命力。壁画艺术的传神，远法战国秦汉，近承顾恺之、谢赫的传神理论，需在技法过关的

①（唐）张彦远：《历代名画记卷二·叙师资传授南北时代》，《论顾陆张吴用笔》，人民美术出版社1964年版。

图5-23　千手千眼观音线描[②]

②谢成水：《敦煌壁画线描精品集》，江苏凤凰美术出版社2016年版。

基础上，对壁画吃透、理解透，最后临出来的作品，达到"六法"中的"气韵生动"。

四是做旧。通过刷、挖、抠、划、拍、洒、擦、揉、堆、印、叠等综合技法，达到需要的做旧效果。近年来，各画种都从古壁画中借鉴做旧效果，也各自总结出了很多种做旧技法，不再赘述。

四、传承人的培养

随着文物保护事业的发展，社会越来越需要有较高审美能力和较强技术水准和具有一定研究能力和创作能力的综合性古代壁画保护的传承人。内蒙古近两年举办的国家艺术基金培养了一部分人员，部分高校通过招生培养了一部分后续力量，但这些还远远不能适应古代壁画保护和传承工作的需求，今后还需要努力通过多途径、多渠道继续加大传承人的培养力度。

（一）文博系统的培养

内蒙古壁画保护中心，是经内蒙古自治区文物局批复，于2000年在呼和浩特博物馆组建而成。专业开展馆藏古代壁画修复保护，现已成为具有可移动文物修复一级资质、可移动文物技术保护设计甲级资质、文物保护工程勘察设计乙级资质、文物保护工程施工二级资质的专业壁画修复研究机构。

2010年，该中心与敦煌研究院合作建设"国家古代壁画与土遗址保护工程技术研究中心——内蒙古工作站"，2011年8月挂牌。20余年来，该中心通过对区内外各类古代壁画的保护和修复，积累了丰富的经验，锻炼出了一支专业化的修复团队，为内蒙古的壁画保护作出了很大的贡献。

（二）国家艺术基金的培养

2018 年 6 月至 9 月，由内蒙古斯琴塔娜艺术博物馆主持的 2018 国家艺术基金"中国古代壁画摹复系统技法人才培训"项目开班，教学实践地点设在内蒙古师范大学美术学院。项目通过邀请专家理论讲授和内蒙古和林格尔东汉壁画墓等的临摹实践，开启了内蒙古申请国家专项基金培养古代壁画临摹人员的先河。该项目的理念是尽可能将古代壁画做到"全信息"的"摹复"，其技术支撑是壁画基底材料的加工制作，其运用沙、土、胶等材料在以亚麻布为底的画布上制作轻薄的地仗层。制作好后，在上面微喷画面，再综合运用多种绘画制作方法，画完后喷上一层胶性材料，达到防水固化等功能。该项目的实施，为古代壁画临摹中基底材料的创新又实现了一种可能，为内蒙古古代壁画临摹研究和传承人培养作出了一份贡献。

中国美术学院、天津美术学院和中国艺术研究院也举办过同类的国家艺术基金项目，内蒙古也有人员参与学习，此处不做详细介绍。（图 5-24）

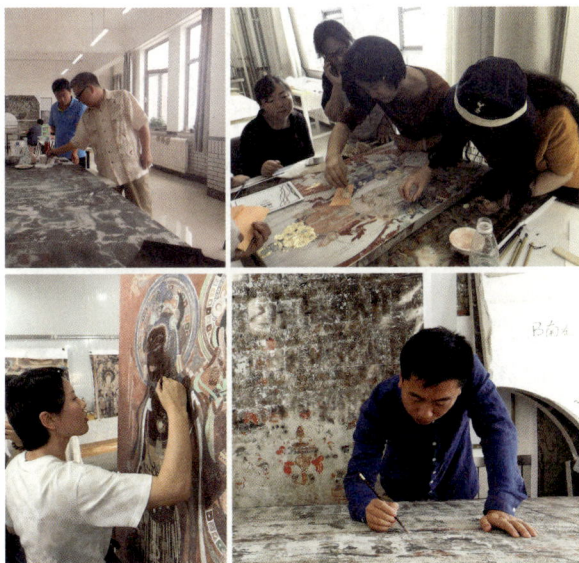

图 5-24 内蒙古师范大学美术学院壁画系教师参加国家艺术基金

（三）高校招生的培养

近年来，在内蒙古高校中，内蒙古师范大学的几个美术相关学院中开展了古代壁画临摹实验，有设计学院公共艺术系的临摹实验，也有原雕塑艺术研究院壁画系和原民族艺术学院壁画专业开设的古代壁画临摹课程，2018 年校内专业整合后，内蒙古师大美术学院整合了后两个学院的壁画力量，成立了新的壁画系。其中有 4 名教师参加国家艺术基金壁画人才培养项目。壁画系教师团队年龄结构合理、专业基础扎实、学术视野开阔、理论和实践能力强，他们不仅致力于古代壁画教学研究，也研究壁画艺术创作、壁画艺术理论研究、壁画艺术社会横向联合实践应用研究。

在课程设置上，内蒙古师大美术学院参考全国几大美院壁画专业人才培养方案，并结合自身实际情况进行课程设置。有临摹类课程、修复类课程、壁画史论和美学修养类课程、壁画材料类和创作类课程等，着力培养学生在古代壁画临摹、古代壁画修复、壁画创作和壁画实践应用方面能力和素质。（图 5-25、图 5-26）

在教育部要求"加大高校学生实践能力、创新精神和社会责任感的培养"[①] 的大背景下，内蒙古师大美术学院壁画系教师多次带领学生们积极参加专业比赛、艺术展演和社会实践。通过组织学生参加展览和社会实践，有效地激发了学生学习兴趣，减轻了学生家庭经济负担，增进了与社会交流，增加了学生的社会责任感和使命感。（图 5-27、图 5-28）

截至目前，内蒙古师大美术学院壁画系已招收本科生 13 届，招收研究生 20 余名，为内蒙古壁画保护中心、内蒙古博物院、部分古壁画研究院和专业机构输送了优秀的实习生和工作人员，继续从事古代壁画的创作和研究工作。

当然，高校在壁画专业学生培养过程中，还面临着很多新的问题。比如古壁画修复类课程师资的缺乏、学生实践能力弱、毕

① 教育部关于加强和规范普通本科高校实习管理工作的意见，教高函〔2019〕12 号。

图 5-25　学生课堂临摹敦煌壁画（纸本）

图 5-26　学生课堂临摹敦煌壁画（泥板）

图 5-27　内师大美院壁画系教师与吕品田先生交流

图 5-28　内师大美院壁画系教师与赵俊荣先生交流

业生就业质量不高等。现实情况看，师资问题可以采取外聘形式，但毕业生能否继续从事本专业工作，还需要政府和社会各方面力量共同努力，为壁画专业毕业生提供更多岗位和机会，从而保证内蒙古的古代壁画保护和传承力量后继有人。

（四）非遗传承人培养

根据《中华人民共和国非物质文化遗产法》（中华人民共和国主席令第四十二号）和国务院办公厅关于转发文化部（现为"文化和旅游部"）等部门颁发的《中国传统工艺振兴计划的通知》（国办发〔2017〕25号）精神，为了继承和弘扬中华民族优秀传统文化，促进社会主义精神文明建设，加强非物质文化遗产保护、保存工作，对非物质文化遗产采取认定、记录、建档等措施予以保存。对体现中华优秀传统文化，具有历史、文学、艺术、科学价值的非物质文化遗产采取传承、传播等措施予以保护。文化主管部门和其他有关部门进行非物质文化遗产调查，应当收集属于非物质文化遗产组成部分的代表性实物，整理调查工作中取得的资料，并妥善保存，防止损毁、流失。其他有关部门取得的实物图片、资料复制件，应当汇交给同级文化主管部门，对需要传承的，应当采取有效措施支持传承。支持认定代表性传承人，支持非物质文化遗产代表性项目的代表性传承人开展传承，为传播活动提供必要的传承场所，提供必要的经费资助其开展授徒、传艺、交流等活动，支持其参与社会公益性活动等。

内蒙古古代壁画制作技艺中蕴含着中华民族的文化价值观念、思想智慧和实践经验，符合非物质文化遗产的申报条件。我们应该在充分调研的基础上、选取代表性的内蒙古古代壁画遗址进行非遗申报；同时，相关部门继续积极引导具备条件的人员申报内蒙古古代壁画制作技艺相关方向非遗传承人。在这方面，敦

图 5-29　敦煌石粉彩绘技艺非遗传承人张平老师

煌地区早已为我们走出了一条可值得借鉴的道路。（图 5-29）

（五）其他社会力量培养

社会上还有其他形式的个体或小型私立艺术机构，承揽了古代壁画临摹的一些工作，绝大部分主办方专业水平不高、资金缺位、过分追求短期利益，导致传承人培养难成气候。

第二节　古代壁画数字化传播保护

古代壁画保护离不开数字技术。古代壁画数字化保护工作是将壁画信息永久保存，并利用计算机对壁画进行虚拟修复、保护、辅助进行壁画临摹、对古代壁画病害过程进行虚拟演变、实现古代壁画真实感虚拟展示以及传播古代壁画艺术等相关的工作。

在欧洲，利用新数字技术与信息技术开发本国文化资源方面处于国际领先地位，法国奥塞美术馆早在 1986 年就采用了新数字技术与信息技术对文物进行了保护与再现，成功地将 3.5 万张珍藏品进行了数字化再现，法国的美术馆联盟（RMN）已经利用数字化技术收藏了 50 万张美术作品，其中也包含大量的古代壁画作品。

从我国整体情况来看，早在 20 世纪 90 年代初便将数字化技术引入到了敦煌壁画的保护工作中，实现了对古代壁画多技术手段的保护；陕西历史博物院唐代壁画馆于近年也开放了数字馆，其他省份相继在开展数字化工作。

在内蒙古，古代壁画数字化还处于刚刚起步阶段。笔者通过电话采访了内蒙古博物院、呼和浩特市博物院、包头博物馆、赤峰市博物馆、鄂尔多斯博物馆相关负责人了解到：内蒙古博物院是全国获批的六个拥有壁画数字化能力的单位之一，已经陆续进行着古代壁画的数字化工作；赤峰市博物馆联合国家文物局已经获批一个文保数字化项目，该项目正在进行；内蒙古壁画保护中心、内蒙古考古研究所、鄂尔多斯博物馆和包头博物馆也陆续启动了数字化文物申报工作。为了做好馆藏文物科研工作（包含古壁画），直属文博单位和全区 12 个盟市级重点博物馆先后建立科研项目部，呼伦贝尔民族博物院成立了文物保护科研基地，内蒙古壁画保护中心（呼和浩特市博物馆）与敦煌研究院合作建立了"国家古代壁画与土遗址保护工程技术研究中心——内蒙古工作站"，为数字化工作做着前期准备。

内蒙古博物院是国家文物局确定的全国智慧博物馆示范项目建设单位，在文物数字化、信息化、展览形式创新方面率先进行了探索和实践，完成了网络环境基础设施建设项目、智慧博物馆应用总线数据交换系统项目、部分古代壁画藏品预防性保护项目。

内蒙古博物院自行研制的流动数字博物馆展车是全国首创，荣获首届全国十佳文博技术产品称号。展车现已行程 3 万多公里，走遍全区 12 个盟市，70 多个旗县，将"博物馆"送到基层群众身边，特别是让那些边远山区牧区的孩子们也能够同样接受博物馆的教育，感受到古代壁画的艺术魅力，为内蒙古古代壁画的保护和传播作出了很大贡献。

一、数字技术辅助古代壁画的保护

（一）数字技术提取线条

这是对现存壁画进行拍照，等比例放大，然后参照壁画修改并提线。线描图像的大致轮廓采用分割图像以及提取边沿的算法获得。"一是使用边沿提取对壁画图像进行预处理，图像分割技术在分割灰度图像时效果更好，而在分割彩色图像时存在一些困难，需要具备艺术、考古、历史等相关知识背景。二是对于壁画中损坏或缺失比较严重的部分，可能含有大量复杂的点、线信息，可以建立所有样本的数据库，它包含需要的线描元素矢量图，最终可以生成线描。三是修改。前两步完成后，需要对部分线条进行精细的修改，采用矢量化技术和插值算法，可以模拟出尽可能准确的线描图。"[1]

（二）数字技术辅助壁画着色和虚拟色彩复原

这是通过模式识别方法、人工智能技术等对由计算机辅助所做出的壁画进行着色。首先确定着色区域，由于壁画中包含不同类型的元素，首先需要选择大致的着色区域，计算机在这个区域内，通过特征点的匹配方法，判断需要上色的构图元素和更为准确的上色范围。然后选择适合的颜色，绘制人员综合最初壁画

① 李升：《敦煌壁画的数字化保护与传播研究》，《艺术教育》2018 年第 16 期。

的色彩信息、有关颜料的知识以及自身所具备的经验知识等多方面信息，对所确定的区域选择笔刷进行上色。壁画产生的变色现象，可以利用计算机复原具有可重复性和虚拟性，不会对文物造成破坏。还可以利用计算机还原壁画色彩的变化过程，壁画色彩复原涉及知识经验、历史文化和对比知识等。

（三）数字技术采集色彩样本

由于古代壁画经历岁月的洗礼，色彩变成了"高级灰"，其具有极高的艺术价值和应用价值，比如在艺术创作和文创领域的应用等。但随着时间的流逝，现有壁画的色彩仍然在继续褪色、掉色，如何科学保存现有色彩，是古代壁画数字化的使命之一。

一般来说，这一技术需要经过几个步骤：古代壁画样本选择—高清采集—色彩分类数据库建立等。当然，这些需要有设备支撑、技术支撑和相关专业支撑才能实现。

二、数字技术辅助古代壁画的传播

古代壁画艺术的数字化有广阔的应用前景。加快古代壁画艺术的数字技术在大众中的应用和传播，可以实现观众身临其境般的虚拟漫游，减少游客实地参观产生的二氧化碳对壁画的伤害，从而促进其保护工作的开展。

现在我们可以在敦煌莫高窟的数字中心看到其电子档案和球幕电影、网上浏览数字敦煌，还有2019年推出的"云游敦煌"，不出家门就可以看到窟内壁画艺术的细节；当然，我们也可以在内蒙古博物院辽代壁画厅看到数字技术的展示效果。

以古代壁画为元素的数字化创作和文创产品开发，也促进了它的传播与发展。比如2019年第十三届全国美展动漫展区以古代壁画为元素的创作吸引了很多观众；利用现代数字技术复制的古代壁画作品，为艺术院校、专业研究机构收藏高清、高保真的壁画艺术精品提供了可能。随着计算机技术的快速发展，数字图像处理与人工智能技术的逐渐成熟，为古代壁画的保护、复原与研究提供了更科学和更低风险的方法与手段。

　　由于资金和技术等原因，古代壁画的数字化还需经过较长时间的发展，才能初步实现技术体系化、整体化。就内蒙古的数字化情况来看，文物部门首先需要建立全区古代壁画数字化的整体实施方案，整合资源、联合申报，然后选取有代表性的古代壁画，进行数字化信息采集、后期图像处理及存储的规范化管理，建设高质量的古代壁画及其相关文献的数字资源库；同时要加强与国家文物局和相关高校艺术院所的合作，形成一套完整而系统的基于网络技术的服务应用体系，从而支撑起内蒙古古代壁画相关研究及其保护、传播和应用的新途径。

　　附 1：壁画病害

1. 修复前　　　　　　　　　　　　　　　　2. 修复后

3. 壁画病害

4. 寺庙壁画病害

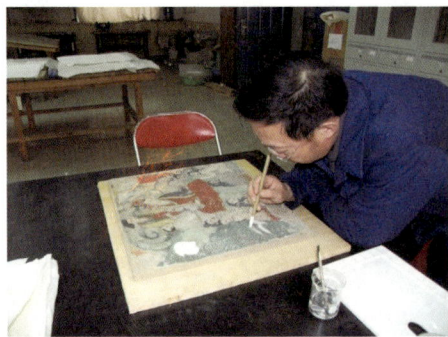

5. 补绘 1

6. 补绘 2

7. 画面污染

8. 画面裂隙

9. 菩萨

10. 裂隙病害

11. 拼接 1

12. 拼接 2

13. 碎裂 1

14. 碎裂 2

15. 修复后

16. 修复后的宗喀巴

17. 修复后的佛像

18. 宗喀巴

19. 烟熏污染

附2：壁画修复

1. 原址取土

2. 和泥

3. 地仗层制作

4. 地仗层

5. 地仗层加固 1

6. 地仗层加固 2

7. 制作新地仗层

8. 地仗层清理

9. 画面防护层揭除

10. 画面加固

11. 防护层揭除

12. 防护层揭除中

13. 画面清理（1）

14. 画面清理（2）

15. 画面修补

16. 颜料层加固

17. 清除污染物

18. 画面补绘（1）

19. 画面补绘（2）

20. 画面修复

附 3：佳作欣赏

1. 奥迪《罐与残片》54cm×85cm　2002 年
水彩画

2. 奥迪《乌素图召古壁》28cm×38cm
1989 年　水彩画

3. 海建华《蛟龙出海》直径
120cm　2003 年　煅铜

4. 海建华《盛世大典》660cm×250cm　1998 年　木雕贴金

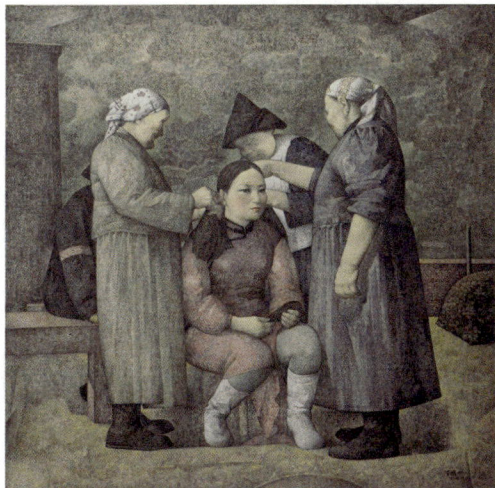

5. 王耀中《额吉的嘱托》190cm×190cm 2019 年
油画

6. 王耀中《神性》180cm×110cm
2017 年 油画

7. 李波《搏克系列·十》200cm×200cm
2015 年 油画

8. 李波《草原的安吉乐》180cm×160cm
2019 年 油画

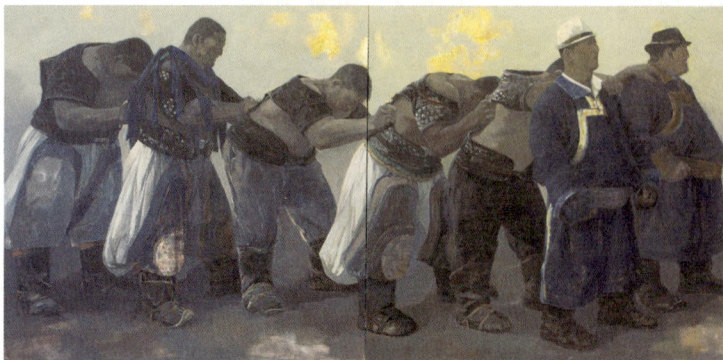

9. 胡日查《搏克颂》300cm×150cm　2018 年　油画

10. 张项军《长调 》150cm×150cm
2018 年　布面坦培拉综合材料

11. 白嘎力《射猎图—1》45cm×172cm　2016 年　工笔画

12. 白嘎力《射猎图—2》45cm×172cm　2016 年　工笔画

13. 白嘎力《追猎图—1》45cm×170cm　2017 年　工笔画

14. 白嘎力《追猎图—2》45cm×170cm　2017 年　工笔画

15. 格日勒图《人与马之二》146cm×190cm
2010 年　油画

16. 格日勒图《人与马之一》156cm×180cm
2009 年　油画

17. 乌吉斯古楞 《此岸的冰河》180×160cm
2014 年　油画

18. 张项军《牧歌行 》 160cm×180cm
2019 年　丹培拉综合材料

19. 包图雅《毛茛草》120cm×150cm
2019 年　纸本岩彩

结语

中华文明源远流长，博大精深；各民族文化相互交融，相互依存。不论是制作技艺还是从艺术角度看，中国古代壁画是最直观了解中华文化的一扇窗户，而内蒙古古代壁画是中华古代壁画中的一枝奇葩。

回望历史，在国家文物局的支持下、内蒙古文博系统的努力下、敦煌研究院、中国文物研究所、日本专家的帮助以及高等院校师生乃至部分民间工匠的参与保护修复下，经过二十余年的时间，内蒙古建立了具有国家保护修复一级资质的内蒙古壁画保护中心。通过大召寺经堂壁画保护、辽代部分墓室壁画保护和修复、乃春庙壁画美学修复等项目的顺利完成，基本上摸索、总结出了一套适合自己的较为成熟的古代壁画修复保护的方法和工艺。在采用古代壁画修复保护技术的基础上，内蒙古的从业者们不断学习和积极探索、更新观念，尝试与现代科技成果进行有机结合，已经具备了处理一般病害和特殊病害的能力。在修复实践中，对古代壁画的保护从理念到修复技术的逐步提高，取得了良好的效果，总结出一套适合本地区古代壁画保护的方法和经验。

同时，内蒙古正在培养自己的古代壁画保护和传播的专业技术人员。经过内蒙古本土主办的古代壁画国家艺术基金项目资助人员培养、选派人员参加外省市主办的古代壁画国家艺术基金项目培养；内蒙古高校对古代壁画保护修复、理论研究、创作实践和社会应用人才的统考招生培养，内蒙古古代壁画技艺传承人培养逐步走向正轨。往后，相关部门应该推进有代表性的内蒙古古代壁画遗址进入非遗目录，引导内蒙古古代壁画制作技艺相关专业申报非遗传承人。高校还需要加大与社会相关文博单位的横向联系和合作，加大学生实践训练和理论研究，当然还需要政府相应的政策引导以及全社会的大力支持。刚刚起步的内蒙古古代壁画数字化工作更需要培养和接收与之相适应的操作人才，从而保证数字化工作持续快速向前推进，跟上时代的步伐。

内蒙古的古代壁画保护和传播工作虽然取得了一些成绩，但是从全国壁画保护和传播的整体水平来看，仍然凸显出壁画保护工作的紧迫性和严峻性，这将是一项长期而艰巨的任务。内蒙古有 60 余座明清时期藏传佛教召庙，壁画劣化势头逐年加重，一些考古发掘的大型壁画墓失去了原有环境的稳定性，其他类型的壁画也存在不同程度的损毁。关于这些问题，需要我们进一步开展调查研究、制定出长期有效的保护措施和手段；深入挖掘和继承内蒙古古代壁画制作技艺并不断研究壁画保护新技术；要着力研究总结本土已有古代壁画保护和传播的成果，也要及时了解和掌握当前国内外古代壁画保护和传播的最新动态，开拓与国外相关领域的交流与合作；进一步加大内蒙古古代壁画文保人员培养数量，更要提高其培养质量；随着社会的发展与科技的进步，数字化在古代壁画领域的应用必然越来越广。未来的时代，"科技＋文化"的文物保护和传播方式，必然成为文物保护和传播中最具有前景和最富有挑战的领域；还需要立足内蒙古优秀传统文化，发掘和运用内蒙古古代壁画中所包含的文化元素和工艺理念，提升设计与制作水平，开发高质量的文创产品，使传统工艺在现代生活中得到新的应用。

　　作为长期从事美术教育的工作者，特别是从事壁画教育和研究者，首先应该肩负起应有的责任和使命，立足本民族本土壁画的整理和挖掘，以"技"和"艺"的视角入手，分析整理其深厚的历史、文化、制作技艺，为内蒙古壁画的传承和保护贡献一份力量。更为重要的是，作为一名高校美术教育工作者，要深刻认识自己的使命，要从古代壁画中挖掘其蕴含的各民族交流、交往、融合发展的历史，增强中华民族共同体的认识高度，以美育人，培养社会主义的建设者和壁画艺术工作者。

参考文献

著作：

［1］常书鸿.九十春秋——敦煌五十年［M］.北京：北京大学出版社，2011.

［2］陈兆复.中国少数民族美术史［M］.中央民族大学出版社，2001.

［3］鄂·苏日台.蒙古族美术史［M］.呼伦贝尔：内蒙古文化出版社，1997.

［4］金维诺，罗世平.中国宗教史［M］.南昌：江西美术出版社，1995.

［5］梁一儒.民族审美心理学概论［M］.西宁：青海人民出版社，1994.

［6］刘一沾.民族艺术与审美［M］.西宁：青海人民出版社，1994.

［7］乔吉编.内蒙古寺庙［M］.呼和浩特：内蒙古人民出版社.1994.

［8］孙建华.内蒙古辽代壁画［M］.北京：文物出版社，2009.

［9］唐·张彦远.历代名画记》卷五［M］.北京：人民美术出版社，1964.

［10］田广金.百眼窟石窟［M］//鄂尔多斯文物考古文集［C］，北京：文物出版社，1981.

［11］王磊义，姚桂轩，郭建中.藏传佛教寺院美岱召五当召调查与研究（上、下）［M］.北京：中国藏学出版社，2009.

［12］乌力吉.图像与阐释：美术理论文集［C］，沈阳：辽宁美术出版社，2017.

［13］徐光冀.中国出土壁画全集［M］.北京：科学出版社，2012.

［14］杨道尔吉.阴山五当召［M］.呼和浩特：内蒙古人民出版社，2008.

［15］杨泽蒙.凤凰山墓葬［M］//内蒙古中南部汉代墓葬.北京：中国大百科全书出版社，1998.

［16］张大千.张大千画语录［M］.海口：海南摄影美术出版社，1992.

［17］张可扬，梁瑞.蒙元壁画艺术与设计［M］，呼和浩特：内蒙古大学出版社，2014.

［18］赵声良.敦煌艺术十讲［M］.上海：上海古籍出版社，2007.

［19］内蒙古文物考古研究所等.宁城县鸽子洞辽代1壁画墓［J］.内蒙古文物考古文集（第二辑）.北京中国大百科科全书出版社，1997.

［20］内蒙古自治区文物考古研究所.和林格尔汉墓壁画.北京：文物出版社，1978.

论文：

［1］巴林右旗博物馆.辽庆陵又有重要发现［J］.内蒙古文物考古，2000（2）.

［2］巴林左旗博物馆.内蒙古巴林左旗滴水壶辽代壁画墓［J］.考古 1999（8）.

［3］程旭光. 美岱召建筑及壁画艺术［J］. 实践（思想理论版），2007（9）.

［4］杜青松.内蒙古阿尔寨石窟地质环境及病害调查与保护［J］.石窟寺研究，2018.

［5］杜晓黎.内蒙古地区壁画保护修复极其研究［J］. 内蒙古文物考古，2010（01）.

［6］段文杰. 敦煌文物的保护和临摹［J］. 敦煌研究，1995（04）.

［7］段文杰.临摹是一门学问［J］. 敦煌研究，1993（04）.

［8］段文杰. 在临摹中研究在研究中临摹》［J］. 艺术家 55-2 号，2002（08）.

［9］郭俊成.阿尔寨石窟壁画绘制技艺主导思想初探［J］.大众文艺，2012（21）.

［10］郭敏.古代壁画摹复系统在和林格尔汉代墓室壁画中实践应用［J］. 中外企业家，2018.（28）.

［11］韩丹菊. 呼和浩特乌素图召庙壁画对西藏佛教壁画的传承［J］. 时代青年教育，2012（11）.

［12］金申. 美岱召及其壁画［J］.包头文史资料（第一辑），1983（2）.

［13］金维诺. 寺院壁画的考察与研究［J］. 文物，1998（4）.

［14］康·格桑益希.内蒙古阿尔寨石窟八思巴壁画探秘［J］.西藏研究，2005（2）.

［15］李虹. 阿拉坦汗与藏传佛教［J］. 内蒙古文物考古，2000（1）.

［16］李鹏.山西辽京壁画的数字化设计与实现［J］.北京

工商大学硕士学位论文 . 2016（12）.

［17］李升 . 敦煌壁画的数字化保护及传播研究［J］. 艺术教育，2018（16）.

［18］刘冰 . 内蒙古赤峰沙子山元代壁画墓［J］. 文物，1992（2）.

［19］刘永梅 . 阿尔寨石窟壁画遗存初探［J］. 艺术评论，2016（11）.

［20］马强 . 在临摹中学习与传承敦煌壁画——马强访谈录 . 大匠之门 8，2015（11）.

［21］内蒙古文物考古研究所 . 阿鲁科尔沁旗文物管理所 . 内蒙古赤峰宝山辽壁画墓发掘简报 9［J］. 文物，1998（1）.

［22］内蒙古文物考古研究所 . 巴林右旗床金沟 5 号辽墓发掘简报［J］. 文物，2002（3）.

［23］内蒙古文物考古研究所 . 内蒙古通辽市吐尔基山辽代墓葬［J］. 考古，2004（7）.

［24］内蒙古文物考古研究所 . 哲里木盟博物馆［J］. 辽陈国公主墓，文物出版社，1993.

［25］内蒙古文物考古研究所等 . 白音罕山辽代韩氏家族墓地发掘报告［J］. 内蒙古文物考古，2002，2.

［26］任亚云 . 内蒙古呼和浩特市馆藏大召壁画的保护修复［J］. 色·物象·变与辩——首届曲江壁画论坛论文集 .

［27］苏万循 . 阿尔寨石窟寺壁画中的线条研究［J］. 美术观察，2016（1）.

［28］王大方 . 内蒙古阿尔寨（百眼窟）石窟研究又获新成果［J］. 内蒙古社会科学（汉文版），1994（6）.

［29］王旭东 . 基于中国文物古迹保护准则的壁画保护方法论探索与实践［J］. 敦煌研究，2011（06）.

［30］伟力.呼和浩特召庙壁画［J］.内蒙古文物考古，1995（5）.

［31］武晓怡.赤峰市博物馆所藏壁画的保护修复［J］.草原文物，2018（01）.

［32］武晓怡.呼和浩特市大召寺经堂壁画的取材背景及布局形式［J］.内蒙古文物考古，2008（02）.

［33］夏寅，郭宏等.内蒙古阿尔寨石窟壁画制作工艺和颜料的分析研究［J］，文物保护与考古科学，2007（2）.

［34］杨绍献.卿嘛教在蒙古族中的传播［J］.民族研究，1981（5）.

［35］张恒金，恩和.元代蒙古贵族墓葬壁画的揭取［J］.北方文物，1995（2）.

［36］赵国兴.浅析壁画的颜料分类及日常养护——以阿尔寨石窟为例［J］.鄂尔多斯文化，2012（2）.

［37］赵俊荣.咫尺匠心　砥砺传承——段文杰先生对壁画艺术的临摹与传承［J］.敦煌研究，2017（06）.

［38］赵声良.敦煌壁画与中国传统绘画［J］.新美术，2007（05）.

［39］赵声良.学习贯彻习近平讲话精神　推动文化遗产保护研究弘扬事业创新发展［J］.敦煌研究，2019（05）.

［40］周元元.美岱召壁画［J］.内蒙古画报，2006（6）.

［41］朱月明.美岱召壁画探微［J］.内蒙古艺术，2011（1）.

后记

　　付梓在即，我自 2019 年暑期接手此项目，逐步落实人员安排，分配工作任务。我们经历近一年的时间，投入前期筹备与后期写作之中。尤其是最后三个月，编者们每天工作七八个小时，甚至时常熬夜至午夜，后来因为疫情等原因搁置，期间也不断在修改和调整。所以，这本书是编写组集体努力的成果，实属来之不易。

　　内蒙古地域辽阔，历史悠久，拥有丰富的古代壁画遗存，且地域特色鲜明，是各民族共同创造、共同享有的宝贵遗产。前辈学者对内蒙古古代壁画的研究已颇有研究。本书旨在通过简明的叙述和图例，从"制作技艺"和"传承"两个维度进行整理和尝试，借助历史文献学、美术学、科学史等多学科的交叉研究与教学实践，构建内蒙古古代壁画制作技艺和传承研究的理论框架，进而唤起人们对地域文化的尊重对民族传统的珍视，促进文化多样性的保护、弘扬传统技艺所承载的文化精髓和价值，为保护和传播内蒙古古代壁画贡献一份力量。

　　感谢敦煌研究院学术委员会副主任、艺术委员会主任、美术研究所所长马强研究员为本书作序。同时，感谢内蒙古博物院院长、内蒙古文物局局长、博士生导师陈永志研究员，内蒙古壁画保护中心主任武晓怡研究员、鄂尔多斯博物馆馆长李锐研究员、赤峰博物院院长鲍林峰研究员、包头博物馆馆长张海斌研究员、内蒙古壁画保护中心杜晓黎研究员、内蒙古壁画保护中心白俊杰研究员、乌兰图雅研究员为本书提供的部分资料和数据；感谢内蒙古大学创业学院艺术学院马福利老师为部分图片拍照、文字校对，感谢我的研究生乌日古嘎录制了古代壁画制作过程、郭庆绘制了部分壁画线描插图。

最后特别感谢丛书总编清华大学科技史暨古文献研究所所长、博士生导师冯立昇教授、内蒙古师范大学科学史研究院博士生导师董杰教授悉心指导。

感谢所有教过和给予我指导的老师们，以及内蒙古师大所有壁画专业的同学们。

由于本人非理论专业背景，学力与学历又相对有限，加上时间紧迫，统筹过程中本书可能存在学术含量不平衡、风格欠统一、论点欠妥当或遗漏之处，请各位专家学者多多指正，以待将来弥补。

侯也

2024 年于呼和浩特

天工

巧匠